我們一起打造的幸福醫院

林俊龍實踐慈濟人文醫療之路

作者——何姿儀

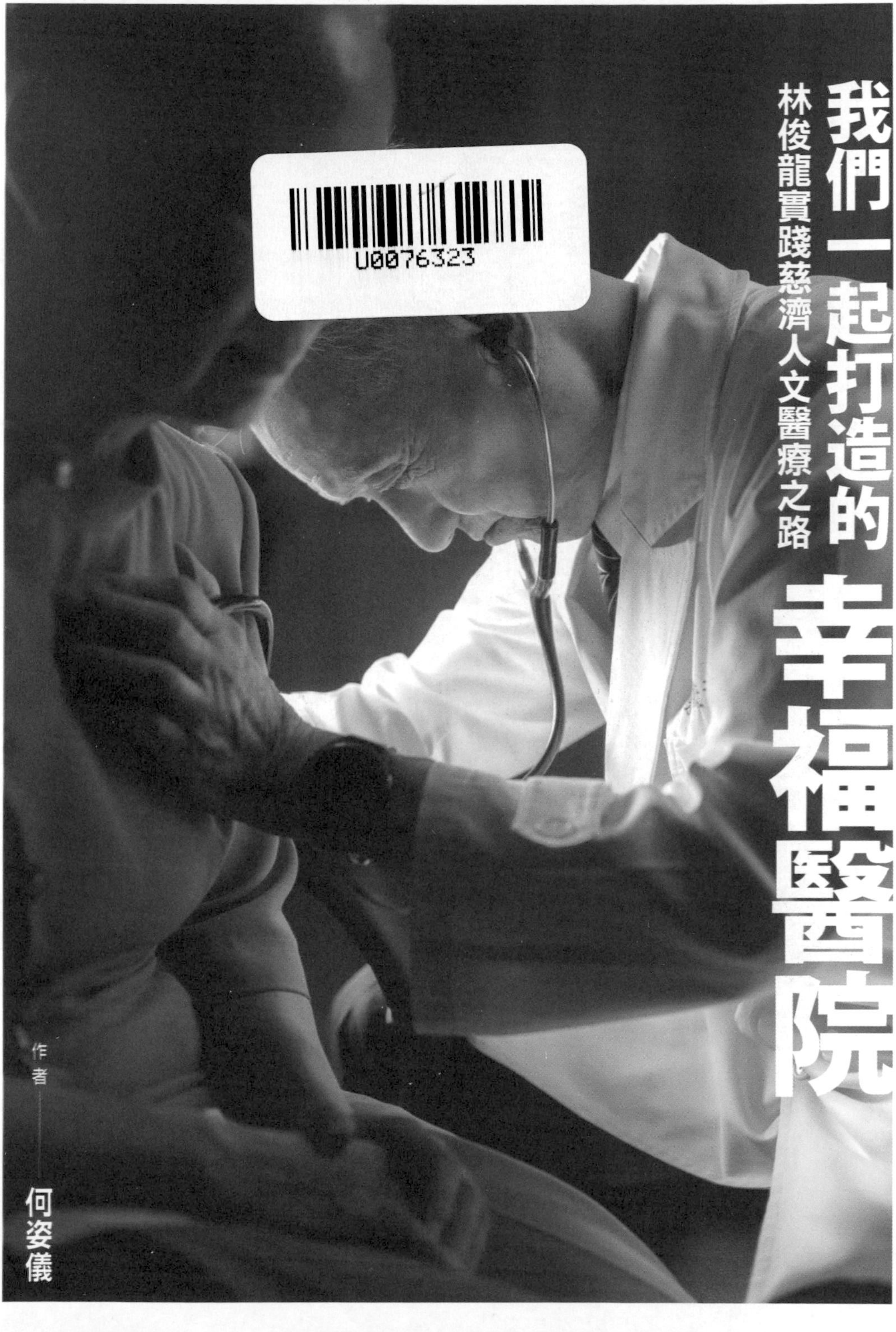

一九九三年四月，林俊龍與洪琇美自美返臺，於靜思精舍拜會證嚴法師。（照片／慈濟基金會提供）

一九九七年四月二十八日慈濟三十一周年慶前夕，花蓮慈濟醫院醫療團隊前往靜思精舍參加志工早會。（照片／大林慈濟醫院提供）

林俊龍協助美國慈濟人籌設義診中心，於一九九三年十二月啟業，為全美第一所由華人及佛教團體開辦的醫療機構。（攝影／黃錦益）

大林慈濟醫院承擔大埔醫療站的經營，二〇〇二年九月啟用，改寫大埔鄉長期無醫的命運。（照片／大林慈濟醫院提供）

二〇〇五年，慈濟大埔醫療站進一步啟用專科醫療視訊會診，嘉惠當地鄉親。（攝影／何姿儀）

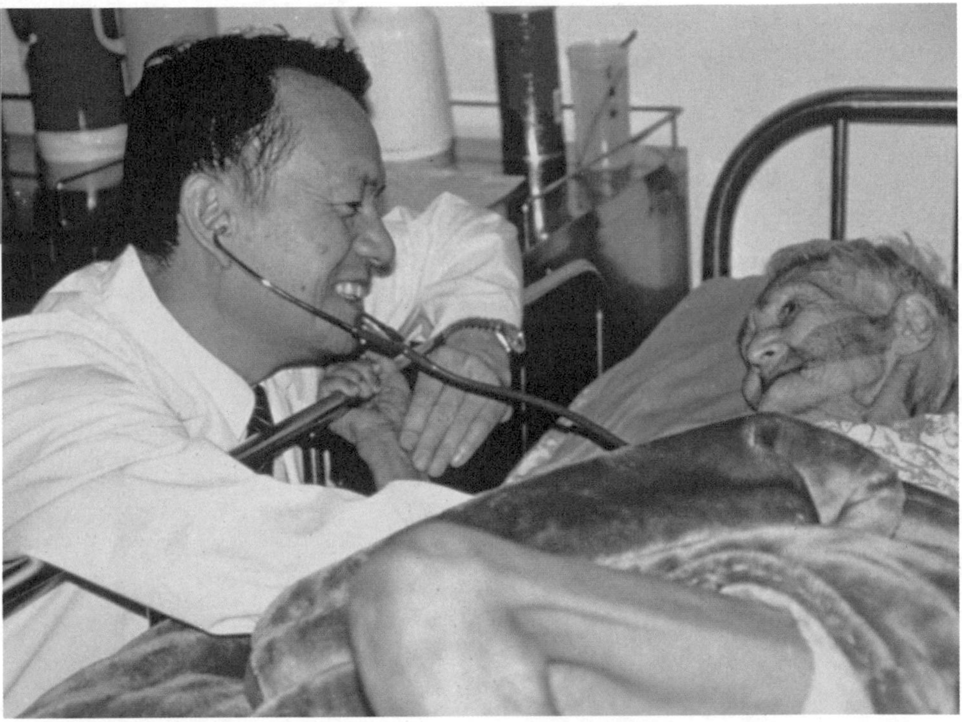

一九九五年七月，林俊龍返臺擔任花蓮慈濟醫院副院長，次年五月起，每週至花蓮仁愛之家為長者看診。（攝影／李彩琴）

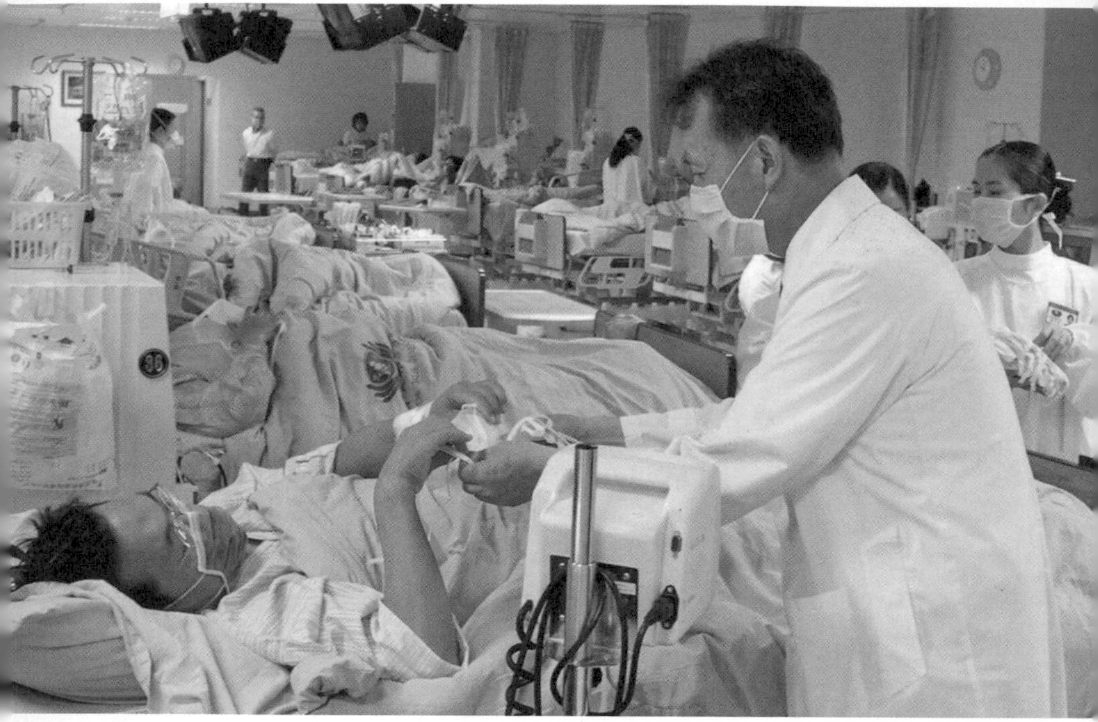

二〇〇三年 SARS 疫情嚴峻，林俊龍將女兒從國外寄回臺灣的口罩一一分送給洗腎病患、醫護同仁。（攝影／許佳惠）

上圖／二〇〇五年三月，滿載國小學童的大客車於國道三號竹崎路段翻覆，二十四名傷者送至大林慈濟醫院急救，林俊龍院長、簡守信副院長與跨科醫療團隊研議重傷個案治療方式。（攝影／劉權峰）

左圖／二〇二一年四月，臺鐵太魯閣號發生重大交通事故，花蓮慈濟醫院啟動救援機制，林俊龍趕往事故現場，搶救傷患。（照片／慈濟基金會提供）

大林慈濟醫院開闢院區土地成菜園，供同仁認養耕種。林俊龍伉儷在院區運動後，一起照顧菜園。（照片／大林慈濟醫院提供）

大林慈濟醫院院慶龍舟賽，林俊龍院長、簡守信副院長率領醫師隊，洪琇美擔任擊鼓手。（攝影／劉權峰）

林俊龍帶領下的醫療人文風貌多元，歲末志工感恩餐會中，醫師們粉墨登場，過程也凝聚起醫護同仁的心。（攝影／于劍興）

二〇一六年十二月，慈濟醫療志業同仁前往約旦關懷敘利亞難民，林俊龍至難民營外的帳棚散戶區發放物資。（攝影／潘翠微）

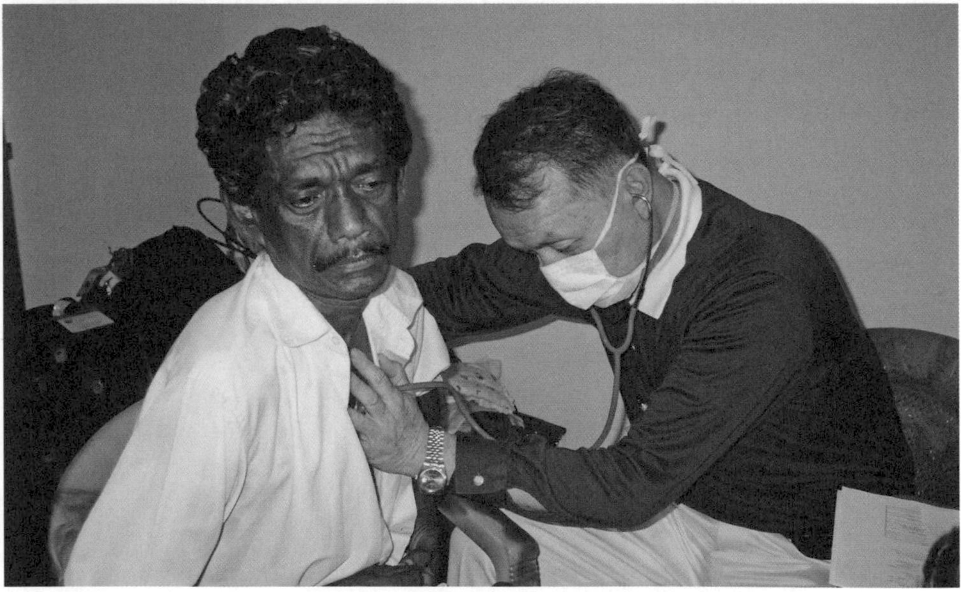

二〇〇五年元月，印度洋海嘯後，林俊龍率領第五梯慈濟賑災醫療團前往斯里蘭卡義診。（攝影／林宜龍）

二〇〇三年林俊龍参與印尼義診，前往鐵路貧民窟關懷，沿著鐵軌發放麵包給居民。（攝影／林炎煌）

一九九八年八月巴布亞紐幾內亞海嘯，林俊龍與洪琇美隨慈濟賑災團前往，為受傷的孩子消毒傷口。（照片／慈濟基金會提供）

林俊龍認為，印順導師的「利他為上」，就是證嚴法師強調的「力行佛法」，而醫院即是最好的修行道場。（照片 / 洪琇美提供）

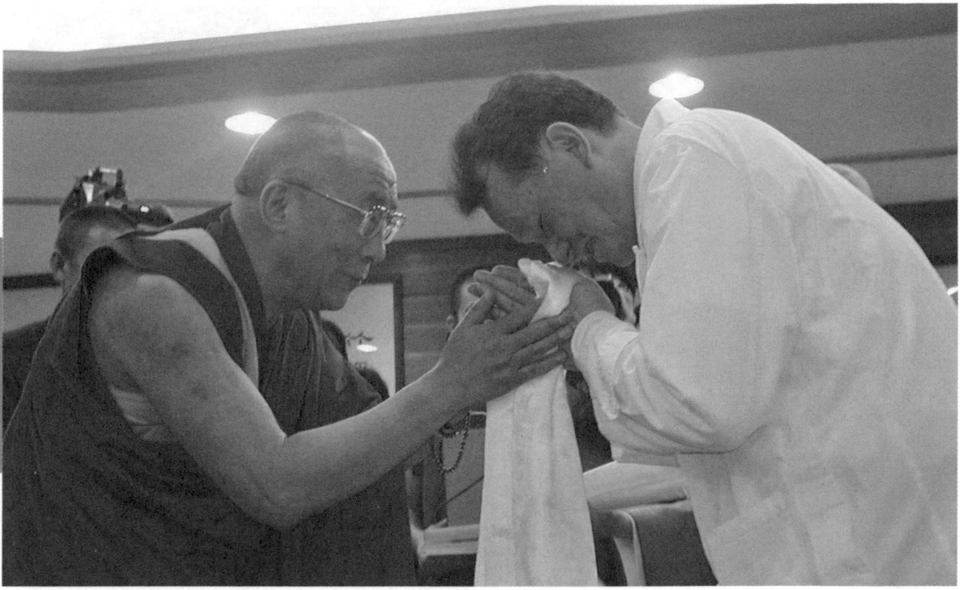

二〇〇二年，達賴喇嘛蒞臨大林慈濟醫院與證嚴法師會面，擔任翻譯的林俊龍恭敬接受祝福。（照片 / 大林慈濟醫院提供）

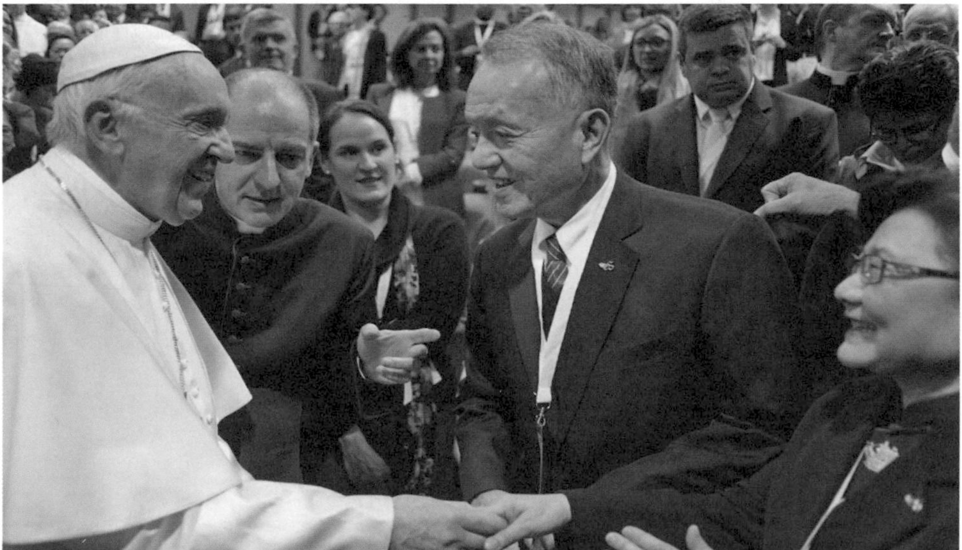

二〇一七年，林俊龍再度代表慈濟前往梵蒂岡參加「促進人類發展國際研討會」，教宗方濟各向所有與會者問好。（照片 / 洪琇美提供）

二〇一〇年四月，林俊龍率領醫療志業團隊參與WHO健康促進醫院年會，並成功推動年會採用低碳蔬食餐飲。（攝影／謝寧惠）

二〇〇〇年九月國際慈濟人醫會年會，來自十二個國家的醫護人員和志工齊聚一堂，交流義診經驗。（攝影／顏霖沼）

二〇二一年，林俊龍獲第三十一屆醫療奉獻獎，以推動偏鄉遠距智慧醫療、推廣健康促進醫院等，獲得肯定。（照片／洪琇美提供）

目錄

卷三　一點浩然氣　千里快哉風

推薦序

深耕人文 打造幸福美滿之家

佛教慈濟基金會創辦人 **釋證嚴**

一秒鐘雖然短暫，一個念頭卻可以決定一輩子，化作救人的志業，向著目標殷勤精進，剎那即是永恆。

五十六年前，慈濟從慈善救濟起步，過程中發現貧病相依，認知醫療的重要性，也感受到花東地區醫療資源極其匱乏；先在仁愛街開辦義診所，但是發揮的功能有限，必得建設大型的綜合醫院才是根本之計，於是決心募款建院。

儘管過程艱辛，內心也慶幸好在花蓮有這座醫院，可以救治重大傷病患。醫院建設竣工啟業後，體會東部偏鄉求才之難，期待有使命的好醫師願意來此付出救人。

林俊龍執行長在美國事業有成，三十多年前認識慈濟後，就在洛杉磯積極投入慈濟工作，成立海外第一所慈濟義診中心。

有一次，他回精舍短暫停留，聽到我慨嘆慈濟醫院需要人才，弟子卻遠在海外……他聞言便決心捨棄美國安逸舒適的生活，夫妻倆一起回臺灣，幫師父承擔重擔。

慈濟醫療志業從花蓮開拓到西部，亦是緣於社會所需。當時雲嘉醫療資源匱乏，重大傷病患者必須送往外縣市的大醫院救治，花蓮慈濟醫院啟業後，雲嘉地方人士前來請求在西部興建大型醫院。

從決定建院到土地底定、動工興建至完工啟業，歷經難以言喻的艱辛，是當地鄉親與愛心人的真誠護持，讓這座田中央的大醫院矗立在西部平原，二十多年來救人無數。

發心捐獻土地的鄒清山老菩薩一家人，從動工到啟業迄今，日日清晨熬煮青草茶，陪伴醫療團隊、病人和家屬，無私付出。醫院興建期間，亦有一群臺北的建築委員審核把關各個細節，即便是偏鄉，在地人同樣可以擁有設備優質的大型醫院。

慈濟人不說「辛苦」而說「幸福」，也是源於大林慈院建設時的工地人文。工地菩薩與慈濟人互動對話中，體會到辛苦工作來成就救人的醫院是「幸福」，此後，慈濟人打招呼問道：「幸福嗎？」對方必歡喜回答：「很美滿！」回顧過去，感人事多；能夠突破萬難成就這座醫院，原因無他，就是人人一條心，各個縮小自己，互動和睦，人文精神自然充塞於醫院各個空間。

大林慈院尚在建設時，林執行長就承擔起首任院長，帶領簡守信副院長等人，將慈院的「軟體」，亦即最重要的醫療人員招募完成，建立起各科室，讓慈院就地立足，穩定邁步。

他和夫人慈聯以心寬念純的愛，跟同仁打成一片，醫院宿舍竣工前，借宿當地志工的倉庫，「既來之，則安之」，即使面對許多困難與阻礙，也一力承擔，從來沒有埋怨和後悔。

醫院啟業前，諸事紛至沓來，他親力親為，以身作則。曾有同仁前來應徵面試，看到他在掃廁所，還以為他是工友，向他問路。他更號召醫護同仁投入鋪設連鎖磚、打掃，把醫院當成自家來守護。

師父期許「以戒為制度，以愛為管理」，林執行長身體力行，凝聚醫療團隊的向心力，實現感恩、尊重、愛，以病人為中心的醫療理念。

才剛啟業，大林慈院就充塞著醫療人文，病患和家屬一進入醫院，內心就被撫平了。我常常說，醫療人文是大林慈院做出來的，在醫界做出典範；而慈濟難以複製的特色，就是合和互協。

醫護同仁不只深入醫療，每年歲末或醫護紀念日，林執行長親自帶領團隊協助照顧戶清掃、沐浴，假日則至偏鄉義診、為無法外出的個案往診，成為慈院日常的一部分；當臺灣或世界各地有災難時，他們也主動請纓前往救災、義診。

人生最苦莫過於病痛，即便再富有，只要生病，身心都備受折騰。每次聽到個案分享，慈院醫師承擔別人不願承擔的壓力，克服困難挽救寶貴生命，總是由衷尊敬和感恩。

能愛人、也被人愛，是最幸福的人；慈院醫師得人尊重，原因就在於他們先付出愛心去照顧病人。醫療團隊用生命走入生命，搶救生命，成為病人生命中的貴人；看見病人病癒返家，恢復正常生活，露出最美的笑容，也享受別人無法體會的心靈法喜。

醫療是超然、崇高的志業，人人追求生命健康，都要仰賴醫療照顧與守護。在師父的心目中，醫護人員各個都是活佛、活菩薩，因此尊稱醫師為大醫王，護理師是白衣大士。

林執行長守志奉道，視病猶親、用愛管理，也積極推動素食、健康促進等國際交流，莫不是以眾生、地球的平安健康為念，將人文醫療從臺灣推向國際。

如今，全臺慈濟七座醫院共一家，四大志業同一體，感恩各院院長、副院長都以慈濟人文精神帶動醫療，就地發揮「守護生命、守護健康、守護愛」的醫療良能，共同樹立人文典範，成就這片庇護天下人的大菩提林。

推薦序

浪漫、勇氣與愛

慈濟傳播人文志業基金會合心精進長 **姚仁祿**

幸福是浪漫的……

林俊龍醫師師兄，是浪漫的。

所有「真心立志」走進醫療志業的專業醫護行政人士，都是浪漫的。

志工是浪漫的，所有「真心立志」到醫院擔任志工的人，也是浪漫的。

浪漫，是一種溫柔而堅毅的「勇氣」……

浪漫，是人生旅途之中，對心靈風景，深刻感悟，理解浪漫是「緣起性空」

世間，珍貴的「深情妙有」……

浪漫，是在現實的困境之中，堅定的「相信」……相信，天在上，地在下，天地之間有「愛」，從人類心中泉湧而出……相信，面對人間的千百種身心病痛，再怎麼困難，也要堅持為患者，找到「幸福」……

浪漫，是祈求自己有能力，讓患者，在治療期間，雖然有病痛的無奈，也能感到幸福；也祈求有能力，讓患者，在治療結束，也能感到心靈的幸福。

浪漫，是看見「病」纏繞在「人」的身上、心上……

所以，證嚴上人期勉醫護人員，能夠「醫病、醫人、醫心」。

二十二年前，林俊龍院長帶著團隊，看見慈濟志工，在田中央胼手胝足，讓醫院拔地而起，就「立志」與帶著團隊，一起打造一座幸福的醫院。

二十二年前，從地湧出「田中央的幸福醫院」，隨著時代的巨輪，還在繼續向前；我相信，向前的動能，是「浪漫」，是「勇氣」，是「相信人間有愛」，失去這些，動能就會漸漸消逝，永續，就只剩「口號」與「夢想」。

祝福，也期待因為這本書的出版，能讓林俊龍師兄的「浪漫」、「勇氣」與「相信人間有愛」，能成為所有投入醫療志業人們的典範。

推薦序

看到他、相信他、跟從他

臺中慈濟醫院院長 **簡守信**

一九八八年來到慈濟，至今三十多年來，幸運地有因緣歷經幾位慈濟典範的領導。

杜詩綿院長放下臺大的光環，在花蓮慈濟醫院草創時期幫忙開疆闢地，透過他的影響力，使臺大師長們挹注力量幫助東部醫療；他對同仁的親和，對晚輩的關懷，讓人由衷尊敬。

後來接棒的曾文賓院長，意志力堅強，執善固執，腰桿永遠挺直的形影，我記憶猶新。

相對於與前兩位師長有限的共事層面，我與林俊龍執行長的緣分又格外深厚且全面。

大林慈濟醫院啟業前一年，他邀我加入籌備團隊，猶記得那是在花蓮慈院院區的一棵樹下。我知道他幫大林求才不容易，中生代醫師多半意願不高，招募到的醫師都很年輕，而我的資歷正好介於他與年輕醫師中間。

對於大林的地理、環境、各方面條件，我並未多做著墨，心想此時西部有需要，而我應該能幫上他的忙，一起為需要的地方開創新契機，便把握因緣，做該做的事。

往後多年，在院長室與他密切共事，相輔相成；後來他承擔執行長，我到臺中慈濟醫院也有十年了。二十多年下來，對他只有心服口服。

如果只能用簡單幾個字，來表示我對林執行長的感觸，我會說，他是一位「人格者」。

從醫院的經營到醫療志業的管理，從修身、齊家到治國、平天下，他誠於中，形於外，那分坦蕩與單純，醫界少有，是全方位的典範。

大林慈院外在條件雖然受到許多限制，但在他的領導下，短短幾年之內，不但醫療品質做得有聲有色，更開創出臺灣罕見的人文風貌和國際格局，團隊凝聚力強，創意十足，蓬勃發展。

過程有各種酸甜苦辣，我們四處拜會尋求合作，有時未必能得到善意回應，他總是寬心以待。早期，我與他每週輪流回花蓮開會，高鐵還未開通，水上機場停飛，時常遇到火車班次誤點，曾經搭乘夜班國道客運，在凌晨三、四點才回到大林。

然而相對於他，我們的辛苦都算不了什麼。他每年只利用耶誕節回美國與家人團聚，有時凌晨六點抵達桃園機場，他還親自開車回大林，精神奕奕地過著如常忙碌的生活。

林執行長與我分別引領內、外科系，同仁雖然來自各路體系，卻很快凝聚成一支精銳部隊，醫療專業加上人文的ＣＰＵ，漸漸地做出慈濟醫療的獨特風貌。

他常說，他沒有做什麼，只是建構一個平臺，讓大家有盡情發揮的空間。不但自己武功高強，還希望別人武功也能高強。他注重大方向，充分授權，而不干預細節，對同仁百分之百的尊重、信任、關心和提拔。這分開闊的胸襟，在長幼尊卑分明的醫界生態中，是我見過最好的典範。

他也常說，「路遙知馬力，日久見人心」。每當遇到挫折，他會勉勵大家，不要在乎一時的波瀾起伏，要把眼光放遠，長久堅持下去，人們一定會有所了解。儘管我曾開玩笑對他說，路遙沒馬力，日久失人心，然而他淡然看待毀譽，寬心面對逆境的態度，給予了團隊堅實的力量。

作為領導者，他方向明確，目標清晰，面對批評不討好不求全，堅定步履帶著大家持續前進，這兩句話如同疫苗，軍心不會輕易渙散。

從事行政工作難免挫折，我也曾有沮喪的時候，雖然我沒說，但他看得出來。有一次，他給了我一個紅包，要我休假帶太太去外地旅行。當時我沒收下，但那分感動，在十幾年後的今天，依然留佇心中。

職場上，多數主管會覺得自己承受的壓力更大，而無法認同部屬的委屈，然而他讀得懂同仁的跌宕心情，看得到同仁的認真付出，不但同理、接納這些情緒，還進一步給予感受得到的鼓勵。不僅對我，他對所有同仁都是如此，他不曾批判，取而代之的是支持。

嚴以律己，寬以待人，是他的另一個寫照。他曾提醒我，穿好白色襯衫，是體現醫師專業尊嚴和自我要求的基本配件，而他對自己的要求，在別人看不見的扣子裏都能體現。有時，男士們會因為襯衫領圍太緊，在領帶打好的情況下鬆開第一顆鈕扣，但他隨時隨地都不鬆懈細節。

他也永遠以身作則、身先士卒。二〇〇三年ＳＡＲＳ陰霾籠罩著全臺灣，醫院首當其衝，在疫情資訊不明的情況下，他親自率領團隊建構防疫系統，並對大家喊話，院長可以進忠烈祠，同仁不能進忠烈祠，意味著他會帶著大家在最前線，不讓同仁涉於未知的風險而有所犧牲，我烙印在心，永難忘懷。

他的物質欲望低，自己的辦公室總是只開著局部燈光，離開時隨手關燈，帶頭節約能源。

創業維艱，啟業初期收支尚未平衡，歲末為了慰勞同仁的辛勞付出，我們幾位院長室主管一起掏腰包，買禮品，讓同仁舉辦忘年會同歡。

共事多年後我才知道，他毅然決然離開環境優渥的美國，領的薪水卻遠遠低於過去。在正值醫師盛年時期的五十出頭，他連薪資都沒談就來到花蓮，只因相信上人，他將身心奉獻給慈濟醫療志業。超過四分之一世紀的堅持，他始終如一。

美式管理風格的他，態度光明磊落，說話大聲，凡事在公開場合講清說明，公文批示也明明白白，從不打迷糊仗，同仁無須揣摩上意，共同做該做的事情，在這樣的領導下，便難以出現陽奉陰違的情形。

他讀得懂同仁，也是一位讓人讀得懂的主管，讀得懂他的想法，讀得懂他的情操，讀得懂他對上人的心。

只要能說服他，他也是可以改變的，但我們很少可以說服得了他，因為他很認真。不只專精於心臟科，對素食、環境、社區以及其他科的範疇，他都能長時間投入精神，把不被醫療重視的領域做成專業。

在許多關鍵時刻，他親自跳下來承擔。當年，花蓮慈院人事波動，在一群醫師同時離職的關鍵時刻，他毅然決然離開美國回來幫忙。大林慈院是慈濟西部的第一家醫院，艱難中啟業的關鍵時刻，他扛起重擔，篳路藍縷，以啟山林。他召集全球人醫會的成立，在全球各地產生了關鍵的作為；在上人呼籲「非素不可」的關鍵時刻，他用科學證據作堅強的推動力。

上人為救貧病而建設花蓮慈院，他則運用在美國經營管理的經驗，融合自身的學佛素養，將救人的品質、範圍、影響力的層次鋪展開來，形成一股浩然正氣。

他對病人更是尊重。那分親切不只在診間、病房，到了社區、海外義診，也總能看到他靠著病人專注諦聽心音的模樣。當病人感受到醫師的真誠用心時，內心的擔憂總能立即被減輕。關於醫病關係，他不是用語言文字，而是用身教來教導年輕醫師。

他發心立志，真誠奉行上人引領的學佛之道；他德行具足，以德服人；他宅心仁厚，尊重每一位病人和同仁；他精進專業，發揮得游刃有餘。孔子說的「志於道，據於德，依於仁，遊於藝。」為人處事重要的四件事，林執行長全部做到，讓人看到他，相信他，跟從他。

江山如畫 一時多少豪傑

卷　一

過關

「嗶……噠噠……」生理監控儀器的提示聲、葉克膜等維生設備的運轉聲，以及護理師們的對話聲縈繞在他耳際，睡了一覺的他，模模糊糊地睜開雙眼，嘈雜的環境音逐漸清晰立體。

加護病房的場景，他一點也不陌生；行醫五十多年，照顧過無數重症病危的患者，這些監測機器上的每一條折線、每一個數字所代表的意義，他再熟悉不過了。

大半輩子穿著醫師袍的他，總是靠著床沿俯身為病人診察，給惶恐不安的他們一個安定心緒的大微笑。但今天的視角卻很不一樣，他是躺在床上看這一切的，這讓他感到有些困惑。

過不了多久，他就因鎮靜和止痛藥物的作用，再度沈沈地睡去。

再次張開眼睛，兩張熟悉的面孔俯身看著剛睡醒的自己，是大林慈院的賴俊良副院長，和臺北萬芳醫院的李明哲副院長。

他嘗試發出聲音，聲帶卻因喉頭插著呼吸管而無法振動，便作勢想要寫字，幫助彼此溝通。

「Where am I？」當旁人取來小白板和筆，他寫下這幾個字，希望能弄清楚現在的狀況。很快地，他知道自己成了一個病人，剛度過生死大關；而現在距離事發當時，已經過了兩天。

從鬼門關硬被拉回

在這場意外前不久，慈濟醫療財團法人執行長林俊龍，才因腰椎壓迫的舊疾復發，先後接受了兩次減壓手術，長年維持良好運動習慣的他，活動量雖然銳減，精神仍舊維持得不錯，透過視訊參與各種會議，無有缺席。

只要人在花蓮，每天赴靜思精舍參加早課與志工早會，是他和夫人洪琇美長年以來的習慣。儘管術後行動有些不便，但在復健和休養過後，他仍拄著枴杖進精舍，回歸往常的作息模式，不讓他人牽掛。

二〇二二年初的早晨，在精舍走動的他，一個抬腳沒能順利跨過，隨即跌入這場致命的風暴；癱倒在地時，已然呈現休克狀態。

往昔國內外發生急難過後，他常帶著同仁前進傷病所在的位置，提供人們所需的救助資源；這次，他自己成了事故的主角，同樣在第一時間得到救援。具有護理師背景的德㮹師父聞訊趕來，立即施以人工CPR急救，並跳上隨後抵達的救護車，在前往慈濟醫院急診室的路上，沿途施救。

精舍與慈院之間的路程，林俊龍往返過成千上萬回，自駕、搭乘公務接駁車之外，也曾步行、慢跑、偕妻子一同騎自行車來回；對於這唯一一次乘坐救護車到醫院的經驗，他一點印象也沒有。

一路上，救護員透過無線電與急診室保持對話。到院時，心臟內科王志鴻副院長和急診部主任陳坤詮，已經帶著醫護人員在現場待命，立即接手。醫療志業副執行長郭漢崇和院長室團隊也都趕到急診協助。

從他昏倒後的人工ＣＰＲ急救，到花蓮慈院的緊急治療，救援的手沒有分秒延遲和中斷，讓一度走近鬼門關的他，硬是被拉了回來。

專業更要信任專業

導致林俊龍休克的原因，是致死率極高的急性肺動脈栓塞。靜脈中不知何時形成的血栓，透過循環系統聚積在肺部，阻斷了重要的肺循環，到院時，他的兩側肺部都已塌陷。

考量他年事已高，腰椎術後也還在復原期，在裝上輔助循環與呼吸功能的葉克膜後，醫療團隊竭盡一切可能，避免走上開胸手術一途。

無奈栓塞的範圍太大，血栓溶解劑始終發揮不了明顯作用，經過一番努力，心臟內科王志鴻副院長走出心導管室，與洪琇美討論下一步方案：「可能要考慮外科手術，但風險是有可能會大出血。」

聽到這裏，洪琇美腦袋一片空白，不知該作何選擇，轉頭看向身旁的人。臺中慈濟醫院簡守信院長與臺北慈濟醫院趙有誠院長，與她一起守候在外，趙有誠輕輕地說：「林媽媽，您現在只能交給專業了。」

「好，交給專業做最適合的評估。」正當她心裏這樣想，話還來不及說出口，導管室的技術員便衝出來，語氣急促地喊著：「右心室停了！要趕快動刀。」

「好，動刀！」洪琇美果斷地說。她與團隊都非常清楚，已經沒有其他選擇了，而這是林俊龍自己做出的決定。

從接獲林俊龍昏倒的通知，看著急診醫護人員忙碌搶救，到接受一連串的治療和重大手術，簽署一張又一張的同意書，不論林俊龍的病情起伏如何，洪琇美在外人的眼裏，反應總是淡定。

「大家都覺得我淡定，其實，我是沒有想很多。」事後，她為自己看似平靜的表現做出剖白。當他被送進急救室時，她什麼事情也做不了，身旁的德傾師父伸出有力的手，環住她的臂膀，語氣肯定地說：「林媽媽，沒問題的。上人說『沒事了』。」

早先，在靜思精舍的危急關頭，林俊龍在德傾師父的急救中恢復了呼吸心跳，一旁高度關切的證嚴法師如是說。這句話安住了當時在場人們的焦急不安，也安住了洪琇美的心，自此，不論狀況如何，她都謹記這句祝福。

三十多年前，旅居加州的洪琇美曾跟著一位出家師父學佛、打坐，練習正念觀想；回臺灣後，他們追隨證嚴法師，在人群中力行佛法，動中修禪，早已不再胡思亂想。

那時，她透過玻璃窗，遠遠地看著躺在心導管手術檯上的林俊龍，彷彿看到有觀世音菩薩來到他的身邊；旁人的討論，她已經沒有聽進耳裏，而後無數慰問關懷的訊息湧入她的手機裏，她則一一以「感恩」作為回應。

遠離顛倒亂想。三十多年學佛的修養，在癲狂慌亂的時刻，尤其顯現。

脫離險境只有感恩

一九九五年，林俊龍回應證嚴法師的期許，放下在美國行醫二十五年的成就，來到臺灣花蓮貢獻所學。

當時花蓮慈院的營運狀況仍十分艱辛，透過與臺大醫院建教合作，挹注年輕醫師人力，也有一些醫師懷抱理想而來後山，但人才留任的狀況，時常在風雨中飄搖不定。

過去，花東地區類似的急重症患者，重生機會渺茫；然而林俊龍和慈濟醫師們數十年來的辛苦耕耘，如今已然開花結果。現在，慈濟醫院能網住這些急重難症患者的生命和健康，讓他們得到即時、精準且綿密的照護。

這場手術受到靜思精舍師父、醫療同仁和志工們的高度關切與祝福，外科部主任張睿智擔任主刀醫師，在艱難的手術過後，只要不在開刀房和診間，幾乎都守在加護病房的病床旁，疲累時，就坐在椅子上，靠著牆壁小歇。

迷迷糊糊地睡了幾天，林俊龍醒來的時間愈來愈長，意識也愈來愈清晰，身上接了逾十條管線的他，開始與張睿智討論起自己的病情處置。

插管著實辛苦，他希望能儘早移除呼吸管，也確信自己有條件可以拔管，這不單是基於主觀的舒適性考量，更是綜合了自己的生理數值所做出的評估。心血管保養有方的他，生理功能進步飛快，但醫師仍希望他再忍耐幾天。

林俊龍茹素四十多年，不論工作再忙，都堅持保有運動習慣，心態也十分開朗樂觀；張睿智在進行術前評估時，不由得對他的心血管彈性和和骨骼狀態感到佩服，這位忙忙碌碌的老人家，生理年齡不輸年輕人，是吃素和運動益處的鮮活見證者。

然而年近八十的他，幾天前才經歷了心肺復甦急救和緊急開胸手術，停跳的心臟重新運轉，坍塌的肺部再度擴張，主治醫師謹慎考量，要他一步一步慢慢來。

看著無法口說，只能拿筆書寫的林俊龍，與主治醫師一來一往地爭論不停，一旁的洪琇美插不上話，卻隱隱感到安慰，因為她至少可以確定，林俊龍的腦袋沒有問題。

對這一路來所有人的搶救、照護和真誠祝禱，她心存感恩，林俊龍也是。身為心臟科專家，他深知自己經歷的狀況有多危急，若是過程中有任何閃失，他無法重新活過來。術後第二天，他寫下幾句話，請洪琇美代為向證嚴法師轉達：「人生無常　大難不死　必有後福　重業輕報　感恩再感恩」。

病中掛念投稿論文

行動自如時，奔走是林俊龍的日常。劍及履及的他，重視執行力，思緒也切換得快，長年跟在他身邊做事的人，幾乎不曾見他猶豫不決和懊惱的樣子，面對無法改變的事，也總是開朗一笑。

他樂在付出，每個月月初固定從花蓮啟程，前往西部的大林、臺中、臺北慈院看診，那裏有許多老病人堅持與林俊龍維持醫病關係，而只要病人需要，他就不會放棄。

二〇二一年十二月初南下期間，他突然腰疾發作，行動困難，不得不臨時取消赴西部的行程，趕緊回到花蓮慈院接受檢查和治療。術後疼痛消失了，雖然行動仍有不便，但他開口閉口不離感恩，從容自在接受身體的變化。

詎料考驗未了，正當情況邁向好轉之際，他突然被迫完全停下一切，連一個字也說不出口。好在他雖然年事高，心血管仍然活力十足，加上到院後醫療團隊搶救即時，讓他的腦部和各個器官不至於因缺氧而損傷，復原狀況可以說是「進度超前」。

「放下欲　放下我　放下空　放下……」

在小小的白板上，他寫下自己的心語和洪琇美分享。即使正在經歷生死災厄，承受著身體的痛苦，他的起心動念仍在修行。名利地位，他能毅然放下，但身體的感受和思想的執著呢？他也藉境修心，告訴自己能捨。

對自己，他沒有什麼好執著的，但對那些他做到一半、關乎眾人的志業，他仍有所牽掛。

「你躺在這裏，想什麼？」洪琇美輕聲問著躺在病床上的林俊龍。

「1素食、2花東福祉、3健康促進、4資訊。」他條理分明地寫下。

術後第四天，他思緒更加清晰，就請洪琇美幫忙送筆電來加護病房。打開電腦的第一件事，是趕緊確認信箱裏的未讀郵件，日前，他投稿國際醫學期刊的素食論文，獲得對方接受刊登，他必須及時配合辦理相關手續。

二十多年來，他投入素食與生理、心理健康相關研究，已發表了數十篇學術論文；這次的論文，來自一份追蹤長達十年的失智症與素食相關研究，得到頗為豐碩的成果。

投稿後，治學嚴謹的期刊編輯與他一來一回地探討求證，從總結報告到受理刊登，歷時超過兩年，好不容易努力至今，他不願見到因自己生病耽擱作業時程，而功虧一簣的情形。

論文能寫出來的，是理性的科學報告，沒寫出來的，是他對世間的情與愛、對人類的關懷。他親自整理的英文論文，從第一個字到最後一個字，都出自長期嘔心瀝血的投入和用心。

身為一位七十多歲的白髮老人，領導著七所醫院、一家診所的慈濟醫療志業執行長，從世俗的角度來說，已無汲汲營營於投稿學術論文的必要；沒有升等、學位和獎金等誘因，他孜孜不倦地投入素食研究，透過科學方法向世人勸素，正是出自於真愛與使命的證明。

何況此時，他身上插著三管和點滴，還有血液導管連接著二十四小時運轉的葉克膜，然而他一旦做起事來，精神奕奕就和平時沒有兩樣。

一個生命的奇蹟，來自一群人戮力不歇的奮鬥，更肇啟於一連串因緣的聚合。

在慈濟的〈無量義經終曲〉中，有幾句歌詞，用來呼應他走過的路，格外貼切——

是毅力創造奇蹟
是信仰產生勇氣
恆持剎那
把握大愛的情義
喜捨潤漬蒼生
慧命燈燈相續
慈悲是宇宙生生不息的祕密
心存善念就會有不同結局……

採訪筆記

莫怪天地，怪自己

林俊龍身高一米八，看診時久坐且經常得要彎腰聽診，執行心導管手術時，身上得全程穿著鉛衣，以免輻射暴露。二〇一〇年，他因腰椎壓迫接受手術；十年後，腰椎舊疾復發，又兩度接受手術。訪談時我請教他，腰椎壓迫是否與工作屬性有關？

聽到這個假設性提問，他似乎覺得我很奇怪，但仍然笑著說，很難追溯特定原因，況且他後來很少執行心導管，也不再穿鉛衣了。

他強調，人老了總是會退化。「不應該怪天怪地，而要怪自己。」簡單的回應中，我體會到他凡事求諸己的態度。

溫柔堅定的守護者

聽聞父親生病，林俊龍在美國的一對兒女，一心希望能趕快來到父親身邊探望。出生美國的他們，從小看著樂在行醫的父親長大，雖然父母從未替他們設定人生志向，但耳濡目染之下，都陸續踏上了行醫道路，成家的另一半也都是醫師。

兒子剛上大一，林俊龍就決定回到臺灣花蓮，向來重視家庭相處的這一家人，從此聚少離多，只能利用耶誕節前後飛越太平洋，共享團聚時光。

二〇二〇年崛起的新型冠狀病毒疫情衝擊全球，世界各國紛紛拉高防疫警戒，甚至罕見地封閉國門，歐美等先進國家的醫療量能也一度陷入危機。隨著病毒變異，死亡率降低，以及疫苗和藥物的研發，各國陸續重啟國門，但跨國的旅程依然限制重重，也讓跨國家人的聚首變得極為困難。

「爸爸叫你們不要過來。」躺在病床上的林俊龍，知道兒女會為自己擔心，請洪琇美務必轉達，讓他們安住在家庭和工作中，勿勞師動眾。

「那是爸爸自己說的。」女兒和兒子趕回臺灣見父母的意念十分堅定。

當時，臺灣的入境檢疫規定十分嚴謹，必須一人一戶接受十四天居家檢疫隔離，加上七天自主健康管理，這意味著，他們千里迢迢飛抵臺灣後的有限時間內，幾乎只能在防疫旅館待著，哪兒也去不了。

為人父母總是不願勞煩兒女，只希望讓他們在人生路上安心向前行，但對海外兒女來說，每一次與父母相聚都彌足珍貴，姊弟倆堅持依照自己的計畫，向美國的病人和家人暫時請假，還自備了數十碗泡麵，一起飛回臺灣，直奔花蓮。

時值農曆春節，政府有條件放寬入境旅客探視加護病房親屬的規定，通過自費核酸檢測後，他們得到一天兩個小時的探病時間。白雲圍繞著山頭的日子，他們終於在睽別多年之後，相聚花蓮慈院加護病房。而從抵達臺灣的那天開始，精舍師父每天三餐供應無缺，讓他們備感溫暖，感恩在心頭。

大小事務一手承擔

家人團聚，足慰風塵。儘管兒女不顧他口頭上的反對，執意冒著疫情風險萬里奔波，但當一家四口能穿越手機屏幕的視訊對話框，扎實感受到彼此手心的溫度，他內心暖流湧動，感到此生無憾。

短暫的會面時間中，他們重溫舊事，暢言今朝，天南地北無話不談。

成長過程中，林俊龍認真求學，出國就業後加倍拚搏，娶妻生子後用心經營生活。身在異鄉為異客，家人的體貼和支持，讓他一路無後顧之憂，回臺灣後，他也同樣真誠對待每一分因緣。

林俊龍學佛數十年，深能了解他所擁有的一切都不是理所當然。生病之後，更深刻體會到這個世間難能可貴的善意，讓他不但能平順過一生，還能擁有第二生命。回首一路走來，他感到圓滿且值得。

從意氣風發的執行長，變成飲食起居不由自主的病人，他心情倒是坦然，認真配合復健，以超乎預期的速度轉出加護病房。

期間，他為了回應同仁的掛心，透過社群軟體傳送復健時的錄影畫面。身穿病人服的他，雙腳踩著腳踏板，配合著一呼一吸的節奏，模樣像極了認真做功課的小朋友。過去不曾看過他生病衰弱模樣的同仁，忍不住心疼，卻又對他的泰然若之而感動。

出院後，洪琇美扮演起多重身分，是接送他出入就診的司機，是敦促他居家復健的治療師，是調配三餐飲食的營養師，是打點用藥和補充劑的藥劑師，是隨身照護的護理師，還是協助他日常行住坐臥的照服員，大大小小的家務一手承擔，同時還要一一回應各界的關懷……

「她變得十項全能，所有事情一個人包辦，比我還辛苦。」林俊龍對來訪者發出肺腑之言。

雖然過去長居美國，兩人互動仍不善將「愛」字掛在口中，更多的是以實際的行動和會心的微笑，表達對彼此的支持與感恩。

成功男人身後必有一位偉大的女人，這句話雖然老套，但同樣能呼應在他身上。洪琇美與林俊龍有二十多公分的身高落差，開起寬敞的私家車時，得伸長脖子往前看。雖然個頭嬌小，扶持夫婿的力道卻十足強韌，讓不少熟識的人忍不住看得熱淚盈眶。

然而對洪琇美來說，在他們五十年甘苦與共的夫妻生涯中，這也不過就是其中一段過程；順境不足喜，逆境不足憂，她接受一切都是最好的安排。

名門閨秀不顯嬌氣

洪琇美出身板橋名門，從小就生活在一個五代同堂、人丁繁盛、有著三進院落的大宅院裏。十多年前，大愛劇場拍攝林俊龍夫婦的故事時，還特意租借新北瑞芳的黃金博物館作為洪家場景，榮華顯赫可見一斑。

雖然是大家閨秀，但人們在她身上卻感受不到嬌貴的氣息，慈濟同仁、志工都習慣稱呼她為林媽媽，多數人甚至不知道她的本來姓氏。

這一位以夫為貴、以子女為核心的女人，後來甚至成為慈濟大家庭同仁共同的媽媽，她身上繼承更多的是大家族長女的大氣。

一九四五年，洪琇美出生，往後的幾年間，洪家又陸續迎來了三個女孩和兩個男孩。接受日式教育的父母親，對子女的管教十分嚴謹，學業表現不能鬆懈之外，待人接物都要禮貌端莊，孩子們放學回家後，得先將制服換下，折疊整齊，白鞋還要用粉擦拭乾淨，隔天整潔地出門上學。

家事雖然不必親自動手，但洪琇美身為家中老大，從小就被賦予要幫忙照料弟弟、妹妹的責任。

父母外出洽談生意，免不了晚間有應酬活動，如何在就寢時間讓弟弟、妹妹們安靜睡覺，成了洪琇美的重責大任。小學五年級的她已能自律，但三歲不到的小弟讓人最頭疼，有時用哄的不成，她只好用「唬」的。

「齁～警察來啊！」洪琇美轉著骨碌碌的眼睛，拉高分貝加強警示威脅。一九五〇年代，戒嚴令雷厲風行，警察有著絕對權威，也會夜間巡邏維持社會秩序，是每個小孩心中最懼怕的角色。每當此話一出，活蹦亂跳的小弟都會趕緊拉起棉被蓋住頭部，下一秒呼呼入睡。

父母作主婚姻大事

嚴格的家教下，洪琇美依然擁有一顆活潑伶俐的心，從小喜歡在下課後跑出去玩，要是回家的時間晚了，少不了一陣挨打或罰跪。

上了中學，她也很快就交到好朋友，放學後經常迫不及待卸下一身制服，頂著時髦的穿著打扮，和同學一起逛委託行、看電影。

靜宜大學外語系畢業後，她回到北部的靜修女中教書，一樣有著在下班後逛街、吃點心的日常。

一天回到家中，父親一臉正色對她宣布：你訂婚的日子已經決定，對象是林家的長子，林俊龍。

男大當婚，女大當嫁，是多數人必經的人生歷程，即便洪琇美外在表現時尚大方，骨子裏卻有著傳統禮教的框架，長輩教導的男女分際，分毫沒有逾越過。

她高中念的是女中，大學念的是女子大學，畢業後在女中教書，從讀書到就業，從未交過男朋友。小時候，她那一頭少見的自然捲髮，常常被男同學們拉著玩，讓她對男孩子也實在沒多大好奇。

時過半世紀，洪琇美再回想當天的情景，已經忘了自己當下有何反應。

那個時代，民風保守純樸，由父母做主子女的婚姻大事，是再普遍不過的事了。洪琇美也相信，父母的決定就是最好的安排。

採訪筆記

兒女的模範

每當憶及與子女互動點滴時，總能看見林俊龍眼中的安慰。當年他籌辦美國慈濟義診中心，就讀高中的兩個孩子第一個響應，捐出他們暑假打工的收入。兒子申請就讀醫學院時，也在自傳中道出，自己是受到父親的影響而立志從醫。

不但兒女行醫，他們的另一半也都是醫師，堪稱是「醫師世家」。林俊龍則打趣說，洪琇美是Mother of doctors，英文縮寫和醫師的M.D.一模一樣，如此一來，全家都是醫師！

過去不論工作多忙，林俊龍都堅持每天準時回家吃晚餐，陪孩子聊天、讀書、休息後，再回醫院完成工作。

週末沒有值班的日子，他喜歡開車載妻兒去旅行，創造各種生活體驗與回憶。出發前，他總會先到醫院查房，兒女則在醫師休息室玩耍，潛移默化之下，在子女眼中，醫療從來不是一份辛苦的工作，反而充滿樂趣。

學校有活動時，他也必定出席。有一次參加女兒學校的音樂會，美國動作片巨星Charles Bronson（查爾斯・布朗遜）就坐在他身旁。

他向兒子介紹：「You know? This is Charles Bronson.」

兒子卻童言童語回他：「Charles Who?」

回憶往事到興頭上時，林媽媽在一旁「吐槽」：「講這些做什麼？」

我們的話題嘎然中止。不過在意猶未盡之中，我也感受到，兒子不識國際巨星，在他們眼裏，爸爸才是最了不起的巨人，而媽媽永遠是最溫柔堅定的守護者。

一心寄望

板橋從清代就是北部重要的商業聚集地，一九四三年，林俊龍出生在林家花園旁，一個頗為富裕的家庭裏。

身為長子又是處女座的他，從小學習就認真，課業表現未曾讓家人和自己失望過，從初中、高中到大學聯考，成績一路名列前茅。建國中學畢業後，他一舉考上第一學府臺大醫學院，在那個人們教育程度普遍低落的年代，成為光耀門楣，在鄰里間小有名聲的年輕人。

早年，父親的建築業經營得風生水起，後來卻因投資失利而負債累累，搬離了原本熟悉的家，生活條件變得簡樸克難。

煩惱化為解決動力

在心思敏感的少年時期經歷家庭變故，林俊龍感受到父母親的沈重壓力，默默把「早日擔起家庭重擔」的責任，往自己的肩上扛。

自青春期以來，他的骨架子像是一夕之間拉長，長袖制服變成了七、八分袖。上學時，面對老師、同學們的詢問，他只是若無其事地回答：「衣服洗到縮水了！」

男孩子運動量大，他腳下的鞋子穿到開口笑，就回家自己找針線縫補，不曾開口要錢買新的。他一生都在想著如何幫忙承擔，卻也因為心甘情願，而懂得笑口常開，把煩惱和擔憂化為解決行動，直面困難。

醫學院課業負擔雖重，還難不倒認真學習的林俊龍，而附近一些人家主動上門請他到府當家教，這些能貼補家用和學費的機會，他當然是積極把握。

今天這一家，明天那一家，上課以外的時間，他大多在學生家裏教書，自己的課業只能利用深夜來研讀，連當上實習醫師也沒休息過，攢下來的薪水，便毫無保留地交到母親手中。

林俊龍的父親與從事煤礦業的洪家長輩早有相識，受到對方家長的邀請，林俊龍也成為洪家長子、洪琇美弟弟的家教。學業教得好以外，他常常在互動過程中，分享做人處事、與人為善的觀念，讓就讀中學的洪家弟弟很是敬佩這位大哥哥。

當時，洪琇美早已在外地就讀大學，只有在放假回家時，偶然與林俊龍見過幾面。她的印象中，除了覺得這個人說話特別大聲之外，沒什麼特別的感覺。不過，洪家長輩對林俊龍的印象，或許就不是這麼一回事了。

憧憬未來赴美行醫

持續將近二十年的越南戰爭，讓美軍付出了近六萬名士官兵陣亡、逾三十萬人受傷的代價，不但牽累美國本土物價上漲、經濟衰退，年輕醫師也被大量徵召赴前線救死扶傷，導致各醫院的人力斷層急遽擴大。

為了填補實習醫師與住院醫師缺口，由美國數個醫學與教育相關協會成立的「外國醫學畢業生教育會（Education Council for Foreign Medical Graduates，簡稱 ECFMG）」，在一九五八年舉行第一次考試，招募世界各國優秀的醫學系畢業生前往美國。

彼時，臺灣的教學醫院體系唯臺大獨尊，集先端技術與教學資源於一身；省立醫院、基督教和天主教醫院規模多半不大，而長庚與慈濟醫療體系更分別是在一九七六年與一九八六年才陸續成立的。

進入臺大，或是返鄉開業，成為當代醫學生畢業後的主流選項。

然而一所臺大醫院的名額有限，醫學生們即使擠得進臺大窄門，也未必能如願走上理想的科別。ECFMG 大門一開，讓那些對醫學新知與國際視野懷有憧憬的青年菁英們，織起了美國夢，在六〇到七〇年代，興起出國潮。

「來來來，來臺大；去去去，去美國。」社會上盛行一時的口號，清楚揭示了時代青年的追尋目標。醫學院畢業、小金門服役退伍後，林俊龍也以優異的成績通過了考試，爭取到這張通往國際殿堂的門票。不只他，同班同學中，有百分之八十五都先後前往了美國。

直到一九七五年越戰終止，美國年輕醫師漸漸補足當地空缺，與此同時，臺灣的教學醫院數量逐漸增加、政府的留才政策陸續頒布，年輕醫師的出國人數，才逐漸趨緩。

這時，林俊龍已經取得內科醫師執照，穩穩地在臺灣行醫，對他來說不是問題；前往美國後，他得將自己的經驗和背景歸零，從實習醫師開始做起。

當時，不少醫師才出國一年，返鄉開業的招牌上，就多掛了個「留美醫學博士」的響亮頭銜，診所門庭若市。醫海浩瀚，林俊龍無意當開業醫，他有好多想追尋的醫學知識，期待能日日新，又日新。

儘管通過赴美醫學考試，但家裏的經濟條件著實困難，加上美國是難以想像的遙遠，母親不捨得他出國，讓他徘徊不前。

然而他心中還有一個算盤——美國醫師的薪資待遇優於臺灣數倍，只要能出國當醫師，他就有機會儘快幫忙還清家中負債。讓家人過上無憂無慮的好日子，是他發自心底的願望。

一九七〇年，他向朋友借錢買機票，飛往美國，成為大紐約天主教醫學中心的實習醫師。原本答應母親出國一年便返鄉行醫的他，未料竟自此在美國落地生根。醫學的世界太大了，尤其是心臟醫學，從二十世紀下半葉開始，不斷取得各種重大突破，他學也學不完。

出國時，他一無所有，有的只是負債，有的只是對家人的疼惜，和寄託於未來的希望。

在那片新大陸上，他一個異鄉人從實習醫師、住院醫師、研究醫師、內科主治醫師，到成為心臟內科專科醫師，一步一步樹立起專業威望，胼手胝足開拓出一片廣闊的天空。

飄洋過海來結婚

兩家說親時，林俊龍已經在美國，由於臨床工作分不開身，訂婚的禮節，只能由長輩們代為操持。洪家父母對子女雖不過分寵溺，但畢竟是長女的終身大事，他們仍是極為費心，諄諄叮嚀洪琇美為人妻、為人媳的本分事。

一九七〇年，網際網路還沒發明，越洋電話又極為昂貴，重要的事情只能長話短說，海外遊子大多靠書信與家人保持聯繫。林俊龍和洪琇美也開始透過一封封的國際郵件，漸漸奠立感情基礎。

不浪漫的蜜月旅行

第二年，洪琇美辭去教職，準備飛往美國和林俊龍完成結婚儀式。從小到大，她一次出國經驗也沒有，不過父母早已打點妥當，讓她隨著林俊龍返臺探親的同學前往紐約，和有點熟悉又有點陌生的未婚夫，共同經營下一個階段的人生旅程。

飛機起飛那一天，學校的老師、學生們，浩浩蕩蕩趕來機場送行，場面堪比接送明星。平時笑容燦爛的洪琇美，在學校很是受歡迎，見證到女兒的好人緣，父母也嚇了一跳。

那天晚餐，林俊龍找了家披薩餐廳，帶洪琇美一起去享用。鬆軟的餅皮，豐富的餡料，還有滿滿的拉絲起司，是美國人最普遍的飲食選項，現在更成為不分國界的年輕人，聚餐時的最佳選項之一。

「這是什麼東西？」經由乳品發酵而成的起司，帶著一股酸氣，特殊的香料和配料，是洪琇美未曾有過的味覺體驗，吃慣中式飲食口味的她，放下手中的披薩，沒有勇氣再嘗第二口。洪琇美不敢吃，林俊龍也就不好意思吃了。兩人一起離開餐廳，後來，也忘記那一餐是怎麼解決的了。

在美國的醫院裏，都設置有稱為 Doctor's Lounge 的醫師休息室，二十四小時提供飲料、點心、水果、冰淇淋，用餐時間還有熱食，隨時供應醫師能量補給。林俊龍對飲食沒有特別的執著，落腳美國後，很快就接受當地的口味，醫院供應什麼，他就吃什麼。

但對洪琇美來說，從零開始的異鄉生活並不容易，雖然念的是外語系，但口音、文化截然不同，光就飲食口味這一點，就受到一大衝擊。然而，除了忙碌於臨床工作的林俊龍之外，她身邊已無後援打手，想要經營起想像中的美好家庭，就得自己想辦法。

嫁做人婦之前，洪琇美不曾親手做羹湯，嫁妝之一大同電鍋，還是她到美國安頓好後，才第一次打開說明書，學習怎麼測量、煮飯。

兩個人吃還算簡單，若是林俊龍邀朋友來家裏用餐，洪琇美就擔心得七上八下，手足無措。

林俊龍工作雖忙，但新婚夫婦的蜜月旅行還是少不了的。他開車載著洪琇美從紐約出發，一路往南旅行，打開車後的行李箱，大同電鍋就站在那裏，一旁還躺著白米和南北貨。兩人的計畫是，在下榻的旅館自行煮白米飯，配著醬瓜和罐頭，都勝過吃漢堡和披薩。

遠離大都會之外的美國各州地廣人稀，旅館數量不多，當時也不懂得預訂旅館，以為到現場就能入住，沒想到，竟遇到客滿。

於是，蜜月旅行的第一晚，夫妻倆就在旅館外停車場的車子裏度過。

捨棄抱怨務實生活

五十年前，美國與臺灣的距離有如天地之遙，父母不免牽掛未曾離家的女兒，是否會適應不良、會吃苦、會想家，但終需放手讓孩子自己去成長，只能在離家前，設想一切可能的需要。

在洪琇美帶出國的量身訂製套裝中，母親在其中一件外套下擺縫製暗袋，裏頭塞了成捲的百元美鈔。

林俊龍和朋友相約一起去中國城採買物資，洪琇美第一次跟出門，心中滿是雀躍與好奇，結果她掏出的百元美鈔，卻讓店家當場傻眼，成了朋友們的笑話。「你拿一百塊，他們沒辦法找零啦！」

那時，美金兌換新臺幣匯率約四十比一。一加侖汽油零點二九美金，三打雞蛋不到一塊錢，二十美元就可以一次買足豐盛的食材，現實生活中，百元美鈔根本沒人在使用，也幾乎看不到。

就在初來乍到的各種糊里糊塗中，一點一滴探索異鄉生活的門道。好在林俊龍是勤奮且務實的人，加上有幾位臺灣朋友為鄰，彼此相互照應，若要回想有哪些不適應的事情，或許有，但洪琇美還真是記不起來。「人到了那裏，就要去適應它。」洪琇美說的，也是她那一代人的柔韌精神。

出國前，瓊瑤小說已經風靡了華人社會，洪琇美當然也看了幾部，對浪漫的愛情不免懷有憧憬。然而，林俊龍卻是個實用主義者，他勇於編織理想，行動卻放在腳下，不做那些虛榮無謂的鋪排。

浪漫的愛情？對林俊龍就別期望了。

美國人喜歡送花，任何事情都能用送花來表情意，林俊龍偶爾也送洪琇美幾朵，但他更喜歡送盆栽，親手將庭院整理得整整齊齊。花開的季節，他會剪下自己種的花給洪琇美欣賞。

夫妻倆出席社交應酬，洪琇美會故意對林俊龍說，某位太太戴的鑽石好大顆，林俊龍卻回應她：「你要多大顆？我去外面撿。」

對他來說，鑽石、珠寶，就跟普通石頭沒有兩樣。他並不是什麼都不了解的呆頭鵝，只是他所在意的價值，不在這些錦上添花的身外之物上。

面對現實的骨感，洪琇美漸漸也就習慣他這分務實了。

有一回，夫妻倆因故起了摩擦，洪琇美想打越洋電話向臺灣長輩告狀，林俊龍卻說：「你打回去只是讓他們多擔心的。」洪琇美頓時被這句話敲醒。

離鄉背井身在海外，無法隨侍父母身旁，也至少不要讓他們擔心。

從那時起，倔強的她就算心裏有苦，也不再找家人傾訴，不再輕易抱怨。習慣了自我消化，學會了知足與感恩，就沒有什麼能讓人激動跳腳的事了。

或許這分歷練，也成為她後來陪伴林俊龍度過各種困難和變化時，始終淡定且堅強的源頭。

同樣地，結縭至今五十多年來，她也不曾聽林俊龍對外在的人事物有過批評或抱怨。這分勇於擔當的責任心，貫徹在林俊龍數十年的做人處事中，後來他走入慈濟，到花蓮付出，到西部開拓，到國際發聲，面對無數困難，承受誤解批評，也從不埋怨，不取暖，也不逃避。他堅持耕耘，堅持帶頭做對的事情，直到開花結果。

西藏有一句諺語：「能解決的事，不必去擔心；不能解決的事，擔心也沒用。」人生沒有過不去的事，善待因緣，用心地活在當下就好。

採訪筆記

龍式浪漫

春天的梔子花香氣正濃，在林俊龍擔任大林慈濟醫院院長期間，每當行政區的公共廁所飄出花香，大家就知道，院長又採花來了。

醫院宿舍的植栽在四季輪流茂盛．他經常隨手整理，也喜歡順手採下幾朵香花，放在公共區怡悅人心。

有一年證嚴上人行腳雲嘉，在巡視院區大愛農場的路上，說了一句梔子花很香，他便立即採了一朵獻給上人。

沒有修飾來的殷勤，只有如實的真心，帶著香氣的小花，是他傳遞愛與幸福的方式之一。

精準判讀心電圖

「病人在兩個鐘頭前開始胸痛，但一天前就開始胸悶不適，他是左前降支跟左迴旋支冠狀動脈塞住了。」

「啊？怎麼看的？」年輕醫師們面面相覷，不解背後奧義。

「心電圖會說故事，它的變化會告訴你，病人胸痛不到一個小時，還是兩個小時、三個小時，甚至幾天前開始的。」

在花蓮慈院的病房討論室裏，七十多歲的林俊龍利用空檔時間，帶著包括臨床主治醫師在內的年輕醫師們探討病歷，鑽研心電圖背後所傳達的訊息。

學生們大多能很快指出病人的問題——心肌梗塞、心律不整，而這也是現今醫學教育能帶給醫師們的專業素養。

但在沒有心導管、電腦斷層掃瞄的輔助檢查下，他卻能只看心電圖，就一針見血地指出病人幾時開始胸痛、哪一條血管阻塞，這功力不但現場醫師無人能及，在他絕大部分的行醫生涯中，也幾乎不曾遇到過。

他是如何辦到的？

一般印象中，內科醫師內斂，思考縝密；外科醫師則豪邁，冷靜速決。但心臟內科是一種不同的內科典型，他們的病人常有生死一瞬的突發狀況，醫師必須當機立斷，他在幾分鐘內的診斷與處置，就可能改變病人的命運。

大嗓門的林俊龍，本身是個執行力強的急性子，心臟內科完全適合他的個性。他們的挑戰總是來得突然，必須分秒必爭為心肌梗塞病人進行心導管檢查，執行氣球擴張、支架與心臟節律器放置術，驚險程度不亞於外科手術。

其實，五十多年前在臺大醫院實習後，林俊龍曾順應自己的心聲，選擇走上外科路，然而最終他會成為心臟內科權威醫師，是在美國受到一位好老師的指引。

持續探索直搗核心

那是一位有著英國紳士風範的西方人，舉止端正而從容，西裝筆挺卻又不呆板，在林俊龍所接觸的美國醫師中，顯得修養不凡，而他對心電圖的解析更是鞭辟入裏。

心電圖是心臟內科最基礎的檢查工具之一，但那些波形線條中，卻藏著博大精深的道理。判讀能力純熟的醫師，可以精準地透過心電圖推算出患者的發病時間與阻塞部位，爭取成功救援的機會。

林俊龍敬佩不已，一心希望能習得老師的真傳，包括專業與技術，也包括品格與涵養。他積極的學習態度，以及對臨床工作上的承擔力，在幾位年輕醫師中顯得格外出眾，獲得老師的一路提拔。

通過嚴謹的訓練，林俊龍認為，心臟內科醫師應該要能透過看心電圖、聽心雜音做出診斷，綜合病史與抽血檢查報告，準確率八九不離十，而影像和心導管檢查只是輔助工具。

若是檢查結果與自己的判斷略有出入，醫師就要去探索出一番道理，成為日後直搗問題核心的鎖鑰，幫助更多病人解決疑難雜症。

這種能力，不只是在影像醫學還不發達的時代，發揮關鍵影響力，直至今日也非常重要。在醫師迅速精準的鑑別下，可以避免掉許多醫療資源的濫用和浪費。

一千七百年前，戰國時期名醫扁鵲總結出「望、聞、問、切」四種疾病診察方法，其中包含了對局部病徵的觀察與評估，也對病程、家族史和病人整體表現有所了解，進而做出客觀的推敲與處方建議。

在現代醫學檢查儀器發明前，西方醫學也重視「視、觸、扣、聽」的傳統診斷工具，而這每個動作中有個一以貫之的核心概念，就是醫師對病人的專注用心和全面關懷。

儘管醫療科技隨著時代不斷進步，分科細緻化，但對林俊龍來說，醫療的核心精神不能改變。

診斷能力大受讚揚

「來說說這張心電圖吧！你們看到了哪些端倪？」

一九七〇年代，馳名全球的心電圖泰斗、南非心臟內科權威醫師里奧・沙姆羅斯（Leo Schamroth），巡迴來到美國加州，心臟內外科專家紛紛聚集。

在此時期，不但網際網路還沒問世，就連所謂的電腦，也才剛從數十公噸的龐然大物，進化成家用冰箱的大小，距離普及還十分遙遠。醫學資訊的傳播，必須倚賴報章雜誌和紙本的書籍、論文，因而每年跨國交流的醫學研討會，就顯得格外珍貴與重要，是臨床醫師們汲取革新經驗與突破性新知的重要場合。

在這場研討會中，沙姆羅斯投影出各種稀奇古怪的罕見心電圖，與座中醫師們一起探討藏在波形細節中的魔鬼。

當螢幕投射出其中一組圖像，林俊龍瞪大雙眼，揪出那些導聯波段上出現的不同心率，儘管差異細微，但絕對不是普通的心律不整。

林俊龍十分悸動，篤定地舉手表達：「這裏面有兩個心臟！」

「哇！怎麼會？」現場專家們一片譁然，議論紛紛。

一九六七年的耶誕節前，南非領先美國一步，執行了世界上第一例的人體心臟移植手術，心臟醫學從此邁入新的里程碑。

畢生專研心電圖的沙姆羅斯，是舉世公認的醫學巨擘；他著作的《心電圖導論》，不但是全世界最重要的醫學教科書之一，甚至還是全球醫學圖書館中，被偷竊次數最多的書籍。

今日多數民眾所熟知的心臟移植是「正位心臟移植」，也就是移除衰竭、損壞的心臟，並在同一個部位植入捐贈者的健康心臟，替代其功能。

但在早期，「異位心臟移植」手術更為常見，病人功能尚存的心臟被保留了下來，並在它的右邊植入新的心臟作為輔助。

在資訊傳播不發達的年代，第一手資訊的取得並不容易，很少人知道這些新術式裏的細節，更是做夢也想不到，一個身體裏能有兩個心臟！

「我巡迴世界各個國家跟城市，請這麼多專家來判讀這些心電圖，你是極少數能正確看出來的人！」

沙姆羅斯的公開讚歎，不僅是對林俊龍專業能力表達了高度的肯定，更讓人不得不好奇，這位華人醫師自信的背後，究竟付出了多少用心和努力？

加倍努力贏得尊重

通過 ECFMG 考試前往美國的醫師，來自世界各地，而亞洲國家中，印度、巴基斯坦裔佔多數，雖然說話難免有口音，但因英語為民間的通行語言之一，大多能表達流利，溝通無礙。

臺灣醫師讀書能力強，工作認真，在填鴨式教育模式下成長，縱然考試成績優異，卻因缺乏語言環境，加上民風保守害羞，初來乍到時，口語表達能力往往居於弱勢。

實習醫師階段，他就見到同學因發音不清楚而被欺負，因此深刻明白，欲在這裏贏得尊重，唯有各方面都做到傑出。

臺灣人的優勢是勤勞，但只是努力還不夠，他們必須加倍努力，唯有如此，才能憑藉實力立足於西方人的主流社會，御大時代的巨輪而行。

週末假日，醫師們帶著家人外出去旅行，他經常去醫院幫忙值班，乘著孩子出生之前拚命工作，一方面打穩根基，一方面也能多賺一點錢，寄回臺灣給父母，常常回到家後，累到來不及更衣躺床，就在沙發上睡著了。

繁榮的紐約，腳步極為匆忙，聚集了全世界金融、商業、政治、經濟與文化菁英，看似多元自由，內在卻也有著嚴謹的潛規則，在醫院裏，若有醫師穿著隨興，不重視儀表，很快就會遭到護理師們的議論紛紛。

林俊龍養成了隨時注意自己行儀的習慣，完美主義的他，在各方面都要求自己做到無懈可擊，由內到外取信於人，成為值得託付的專業人士。紐約居住七年，習得一身功夫的他，帶著洪琇美和兩個孩子搬遷至加州洛杉磯，成立了自己的辦公室，也成為北嶺醫學中心（Northridge Hospital Medical Center）的醫療合作成員。

相較於紐約深冬的雪白酷寒，那是一座一年四季都不下雪，陽光明媚，有著南方風情的城市，人們平時不打領帶，穿著隨興，步調悠閒而自在。

儘管如此，林俊龍工作時仍習慣西裝筆挺，領帶打得端正整齊。他認為，各行各業都有其合適的形象，也常反問對他提出好奇的人，誰有信心讓穿著短褲、拖鞋、披頭散髮的機師開飛機呢？

他堅持，醫療是一分神聖專業，儀容端裝是對自己專業的尊重，也是對病人的尊重。他也希望他所整建的醫療團隊，從外而內都能讓人感受到信任與歡喜。

採訪筆記

溫柔提醒

林俊龍通常給予同仁充分的尊重和空間，但服裝儀容是少數他會對同仁們提出的要求，因為這是專業的尊嚴和對病人的尊重。

有一次他們夫妻倆走在醫院，一位年輕住院醫師迎面走來，趕緊摀著自己的脖子說：「院長，我馬上去找領帶！」

對於同仁儀容不整，他不曾疾言厲色，而是笑瞇瞇地動手幫忙整理領帶，林媽媽則會幫女性同仁打點頭髮，讓同仁在關心中感受到提醒。

Dr. Lin 來了

甫與家人一同吃完晚餐，繫在腰際的呼叫器便響個不停。林俊龍循著螢幕顯示的號碼回撥，接起電話的人表示：「Dr. Lin，加護病房有個困難的心臟病患者，希望你能盡快來幫忙處置！」聽完對方的簡述，手長腳長的林俊龍，穿上皮鞋便邁出大步往車庫去，趕返北嶺醫院加護病房。

「Dr. Lin 到了！」當他急匆匆地打開加護病房大門，分頭忙著照顧患者的護理人員，竟不約而同停止了手邊的動作，接著，響起一陣雀躍的掌聲。

「發生什麼事？」戲劇化的場景，讓林俊龍一時摸不著頭緒，只見資深護理師堆起笑容說：「謝謝你趕過來，我們只是覺得這位病人有救了！」

林俊龍工作態度積極，專業能力頂尖，對待病人又親切，是值得團隊信賴的夥伴，當遇到情況棘手的心臟病人，護理人員都知道找 Dr. Lin 就對了。

家庭醫師是美國病人的第一線照護者，他們通常與病人及其家人經營著長期的醫病關係，並在需要時轉介專科醫師進行診療。

但偶爾也會有那麼一點狀況，病人已經需要專科醫療的介入，家庭醫師卻仍堅持自己親手照顧，使病情耽擱而變得複雜。這回便是如此。心臟病情的變化、藥物的調控，涉及多面向的專業考量與臨床評估，資深護理人員好不容易才勸得這位家庭醫師的同意，趕緊找來 Dr. Lin 支援。

這也難怪當林俊龍走進加護病房，護理師們都鬆了一口氣。他不是救世主，卻是危急患者的絕佳救命醫師！

關鍵時刻打通血管

又是一個呼叫器響起的醫療日常，林俊龍回應北嶺醫院急診室的呼喚，三步併作兩步趕到現場。

病人是一家營建公司的老闆，經常在不同的工地之間來回。那天在巡視工地的路上，他突然感到胸悶難耐，直覺情況極為不妙，趕緊調頭直奔距離最近的北嶺醫院，就在醫院大門口煞停車子的那一剎那，便昏厥了過去。

他不知道自己是如何被醫護人員搶救的，只知道下一次醒來時，已經躺在加護病房。林俊龍笑著對他說明：「我們透過緊急血管攝影，發現你心臟右邊的血管阻塞，很快幫你注射了一種叫做 Streptokinase（鏈球菌激酶）的溶血劑，把阻塞的血管打通了！」

他的幸運，不只在於他危急存亡的關鍵時刻抵達了醫院，更特別的，他是北嶺醫院第一位運用溶血劑治療心肌梗塞的患者，而為他進行這一系列緊急治療的，就是 Dr. Lin，林俊龍醫師。

病人出院前感動的表情，至今鮮明地印在林俊龍的腦海裏，他仔細掐指一算，那竟然是距今四十五年前的事了。

直到最近一個世紀，人類對心臟醫學才有了具體的發現，在過往，活人心臟是不可碰觸的神聖禁地。血栓溶解劑的應用，以及心導管放置氣球擴張、心臟支架術的發明，都是二十世紀後期、最近四十年多間才發生的事。

在林俊龍擔任住院醫師時，心臟疾病尚無可行的介入性療法，藥物的效用也極其有限，醫院要如何治療心肌梗塞患者呢？唯一方式，就是躺床不動三個星期（時至今日，進入急診到完成心導管手術出院，平均只要四天，甚至手術次日就能出院）。

儘管今日醫學了解到，長時間的臥床不動，容易增加深部靜脈血栓的風險，形成俗稱的經濟艙症候群，倘若血栓流入肺動脈，可能發生肺栓塞的風險，跑到心臟，就會造成心肌梗塞，但在半個世紀前，靜養已是最好的方法。

人體細胞都會新陳代謝，舊的細胞會凋零，新的細胞會生成，使器官保持生生不息的活力。但心臟卻是獨特的，它雖是全身血液循環的推手，心肌細胞卻從出生到死亡都不會更迭再生，分分秒秒堅守崗位，至死方休。

一旦心肌受到傷害，任何活動都會加重心臟的負荷；休息不動，等待受損的部位結疤，讓未受損的心肌產生代償作用，病人就有機會逐漸康復。

但若受損的部位太大，剩餘的心臟無法負擔循環功能，醫療團隊終究也是無力回天，因此即使病人已送到醫院，死亡率仍超過百分之十五。

顛覆傳統重大突破

大部分的心肌梗塞，是由於負責供應心臟血流的冠狀動脈完全阻塞，造成下游的心肌缺氧壞死，簡單來說，就是冠狀動脈血栓所導致。然而在過去，人類對於心臟血栓的產生，卻抱持著與現今截然不同的見解。

一九一二年，美國病理學家詹姆斯．赫里克（James Herrick）在醫學會發表報告，首度指出了冠狀動脈血栓與心肌梗塞的因果關係，卻未受到廣泛的關注。過去病理學家為心肌梗塞的死者進行大體解剖，發現患者在死亡二十四小時內，心臟動脈並無血塊，反而是死亡後二至三天才出現，因而醫界普遍認定，是心肌梗塞造成血栓，而非血栓引發心肌梗塞。

醫學的重大突破常常出自於某些人的「離經叛道」，勇於挑戰成規。二十世紀後期，美國一位醫師認為醫學界倒果為因，大膽地將必須靜躺不動的患者推入導管室，終於透過血管攝影證實了血管栓塞的存在。

此舉對心臟醫學帶來了翻天覆地的改變，從此，醫界將溶血劑運用於冠心病的治療，改變了全球無數家庭的命運。

只是為什麼，以往病理學家在病人去世後的二十四小時內，找不到血栓的蹤跡呢？原因在於，人去世後的短時間內，包括血塊在內的全身血液會凝固，二十四小時後才逐漸溶解，此時，體內原本就存在的血塊，才會因呈現纖維化而凸顯出來，造成當時病理學家以為，患者在去世兩、三天後，才會產生血栓的誤解。

心臟醫學的新發現風靡雲湧，正走在這條道路上的林俊龍，將自己保持在時時更新知識的狀態，讓病人得到最好的治療。

四處探聽慎重決定

「你心臟附近有三條血管阻塞了，開刀是最好的選擇。」林俊龍細心說明著治療建議。

病人是當地頗有名望的一位老先生，畢生見識過大風大浪，能衡量輕重緩急而做出明快決定，但此時的他卻猶豫了。

直到一九八六年，世界上才首度實施冠狀動脈支架手術。在那之前，嚴重狹心症的最好處置，就是盡快開刀——截取其他部位的血管，接至心臟上的冠狀動脈，以增加心臟的血液循環，降低心肌梗塞風險。

林俊龍語氣沈著繼續說明：「如果不開刀的話，血管隨時有可能完全塞住，造成心肌梗塞，嚴重威脅生命。」

「不行不行，我有重要的事情必須回去處理，開刀的事之後再說。」老先生思索過後，決意帶著一顆不定時炸彈出院。

一星期後，他再度回到林俊龍的診間，說出最新的決定：「我要開刀。」

林俊龍欣慰他的決定，但也忍不住好奇詢問：「我先前叫你開刀你不開，到底什麼事情那麼重要，讓你非冒著生命危險回去親自處理不可？」

「事到如今，我就不瞞你了，我兒子娶了個美國媳婦，她說心臟開刀是大事，怎麼可以馬虎決定？」於是，她花了一個星期的時間，四處探聽北嶺醫院最好的心臟科醫師，大家都給出一致的結論——找 Dr. Lin。

當她信心滿滿地說出那位大家口中的名醫時，老先生差點氣結：「這位 Dr. Lin 就是我原本找的醫師啊！哎呀！我真是耽誤了整整一個星期的時間。」

林俊龍在醫護和病人口耳相傳間受到肯定，正是源自於經年累月，一步一腳印的耕耘。他十分清楚空懷絕技並不夠，還要做出具有說服力的成果，做到讓病人感受得到的用心，自然能受人敬重與信賴。

採訪筆記

以病人為師

一位同仁曾帶長輩到大林慈院掛林俊龍的門診，林俊龍聽診後對他說：「你的主動脈瓣閉鎖不全，打出去的血液回流到心臟，沒辦法送往全身，所以你會很喘很疲累。」

長輩聽了嚇一跳。不是因為被告知罹患心臟疾病，而是過去曾多次赴南部醫學中心，接受多項醫學檢查後，醫師才做出診斷；林俊龍卻連心臟超音波、電腦斷層都還沒做，只憑聽診器傳來的心雜音，就解出原由。

撲通撲通心跳聲，是人類從胎兒時期以來，最熟悉的器官聲音。但心音不止「撲、通」兩聲，四個瓣膜隨著心臟收縮與舒張而振動，會產生不同的聲音，兩兩之間細微的規律、高低音與大小聲變化，都會透露不同玄機。

在他臨床專業養成的年代，高科技設備大多還未問世，他回顧在紐約擔任住院醫師時，醫院引進了第一部黑白超音波，他推著它穿梭病房、診間、急診室，幫病人做檢查，這部機器幾乎成為他所專用。勤學、謙卑，讓他持續不斷悟出箇中道理。

「設備是用來驗證診斷的工具，症狀才是王牌。心臟科醫師要綜合聽診、扣診、臨床症狀評估與病史等資訊來做判斷。」

練武之人重視基本功，若急於追求招式，最終只能成為花拳繡腿，不堪一擊。這樣的診療方式看似古老，卻造就最根本、最嚴實的功夫底子，加上科技的輔助，便如虎添翼，否則拿掉設備後，就有如廢了武功。

「我對自己的專業有期許。如果只會看報告來做結論，那就不是醫師，而是醫匠、技術員了。」

第一位亞裔院長

「照顧你這麼多年了，我想說的你應該都知道，這次你回來，不但體重沒有減少，膽固醇竟然還那麼高。自己如果不願意改變，我開再好的藥給你都沒用……」看著老病人的體檢報告出爐，林俊龍忍不住狠狠地對他念了一頓，講話音調一拉高，顯得氣勢攝人。

病人眼看耍賴皮也沒用了，略低著頭乖乖聽訓，不知是感到委屈，還是對醫師感到太抱歉，眼眶竟一陣發熱泛紅。

在病人心中，林俊龍一直是親切和藹的形象，很少會「教訓」病人。不過照顧這位病人許多年，醫病關係之外，彼此更像是故舊，在醫師的細心控制與藥物調整之下，他的心臟狀態和身體機能一直維持得頗為良好。

冠狀動脈心臟病，除了先天體質和遺傳等因素不可控之外，也與血壓、血脂肪、血糖、體重控制，以及生活習慣和抽菸息息相關。醫師給藥只是控制病症的第一步，還需要持續給予充足的衛教知識，從日常作息改變起，才能真正遠離惡化的風險。幾年來，林俊龍對他從溫言軟語循循善誘，到鄭重其事義正詞嚴，說是醫者父母心絕不為過。這次回診，發現病人的不良習慣故態復萌，看來苦口婆心是行不通了，林俊龍決定把他「罵醒」。

但病人被他嚇跑了嗎？當然沒有。眼淚擦一擦，隔年他依舊笑著回到林俊龍的診間；他不但是心甘情願來討罵，還是遠從將近三百公里外的拉斯維加斯而來。幾年前，他從洛杉磯到拉斯維加斯定居，兩大城市搭機一趟前後要花費兩個小時。他不是唯一一位這樣做的，也有老病號搬遷到距離更遠的舊金山後，仍堅持舟車勞頓跑回來看林俊龍的診。

他的「罵」在病人耳裏聽來，是一分真切的「關心」。病人紅著眼睛對林俊龍說：「沒有辦法，我找了好幾個醫師，但都看不習慣，寧願回來這裏，讓你罵一罵！」

行醫多年來，林俊龍從病人的回應中清楚感受到，他們之間共同經營著一種理想的醫病關係，以高度的尊重、深度的信賴，為彼此設身處地的體貼為基石。有一次，他刻意向一位病人提問：「嘿！北嶺醫院有這麼多位金髮白皮膚的心臟內科醫師，是什麼理由讓你堅持要找我看病？」

對方瞅了瞅提出這個奇怪疑問的醫師，決定來個「真心告白」：「好，我老實跟你講。」

「有一次，我胸悶發作聯繫別的醫師，那位醫師說：『你現在去醫院急診處，我待會兒就來。』怎知我到急診處，血壓心跳量好了，心電圖做完了，抽血檢查也完成了，等了老半天卻還不見他的蹤影。」

「但是，你不一樣。我在電話裏跟你說我胸悶，你叫我到急診處，接著我車子都還沒開到，你人就已經在那等我啦！」

病人露出黠智的眼神，反問林俊龍：「你說，我會去看他還是看你？」

病人的觀點很簡單，林俊龍擁有專業，也有以病人需求為中心的溫柔，在專業價碼昂貴的美國，這樣的緣分未必能得遇。而對林俊龍而言，病人的忠誠是對他一路走來的努力，表達了最實質的肯定。

滿腹熱忱被委重任

在加州，醫師與醫院之間存在合作關係，而非雇傭關係。醫師們在自己的診所或辦公室看診，遇有重大或緊急狀況時，則會將病人送到醫院，接受醫療團隊的進一步檢查與住院照護，而醫院有需要時，則照會合作的值班醫師來診治。

林俊龍與另外六位醫師組成了一支醫療小組，承擔北嶺醫院的心臟內科值班團隊。週一到週五，他們在自己的辦公室看診，並每天定時赴醫院病房迴診，其餘時間若有臨時需求，就由七人輪流值班，當緊急心臟醫療的捕手。

這七名醫師中，有六位是猶太人，只有他來自臺灣。

有一句猶太格言說：「沒有信用的話，大門不會為你敞開。」信用，是猶太人最重要的價值觀之一。他們言而有信，買賣雙方經口頭議定，握手就等同於打契約，不需白紙黑字也能履踐，素有「契約民族」之稱。

不僅生意做得特別好，美國醫師也以猶太裔為大宗，他們總能以特別優秀的成績進入醫學院，而北嶺醫院的歷任領導者中，即以猶太裔占大多數。

在過往美國人的印象裏，華人可說是半個猶太人，他們擁有相似的特質——工作特別勤奮、家庭關係緊密、生活勤儉自制，並且一諾千金。林俊龍時常對猶太夥伴們自我解嘲，七人小組中，六個半是猶太人，而他自己就是那半個。他樂於做一位臨床醫師，也樂於參與院務運作，希望能藉由自己的專業，幫助北嶺醫院更上一層樓。

對自己，他不斷精進專業，取得內科專科執照後，又進一步通過美國的心臟內科次專科考試，在當地執業醫師中，這並非必要條件，也不普遍。對於臨床與教學工作，他也滿腹熱忱，從UCLA（美國加州大學洛杉磯分校）臨床教授、北嶺心臟內科主任、心臟委員會主席，一路被委以重任。

美國的公司、組織都會定期舉辦Staff retreat（團隊共識營），這是一種休閒放鬆與共識凝聚兼得的活動，團隊成員遠離工作場域，在風景秀麗的舒適環境裏寬心交流，促進彼此溝通，激盪出邁向未來更大格局的動力與火花。

林俊龍個性爽朗，有話直說，在北嶺醫院某一年的高階經營管理團隊共識營中，董事會注意到他不但發言踴躍，還井井有條，擲地有聲，對醫療發展、醫院經營，乃至社區連結都能提出具體建言，是能委以大任的潛在人才。

很快地，他被舉薦為北嶺醫院副院長，一年後，便擔起院長職務。

在退休多年後，他曾重回北嶺醫院參觀，一些老工作夥伴認出他來，熱情開心地相互擁抱，他們指著牆上一排歷任院長的相片，回顧共事時的種種。

在那一排肖像中，林俊龍是北嶺醫學中心自一九五五年創立以來，第一位亞裔背景的院長。

意外返鄉之行

兢兢業業努力下，世人追逐的成就，他逐一擁有，妻子、孩子、車子、金子、房子，還有名字，六子齊全，但除此之外呢？他開始對宗教信仰產生了探索的動力。

也許是成長背景使然，也許是累世因緣牽引，他雖然定居美國，也曾於天主教醫院服務許多年，但對於西方社會主流的基督教、天主教，並無太多感觸；西方宗教相信一切都是上帝的安排，對他來說總覺得不夠契機。

僅次於紐約的美國第二大城洛杉磯，是太平洋國家與亞洲各國通往美國的主要轉運城市，許多外國人以此為美洲落腳的第一站，這造就了洛杉磯的族裔多元，人文薈萃，更成為世界上宗教團體種類最多的城市之一，各國高僧大德與宗教家，都會選擇這裏為傳教據點。

金剛經云，「應無所住而生其心」；禪宗六祖慧能作偈，「菩提本無樹，明鏡亦非台，本來無一物，何處惹塵埃。」六祖傳心而不傳衣缽的故事，深深打動著林俊龍。在佛教經典中，他確定了心之所向，虔心入佛法。但他接受的是應用科學的訓練，不論醫學的理想如何崇高，若是不能落實在病人身上，就只能淪為空談；手起刀落、藥到病除，才能真正解決病人的苦痛。

在洛杉磯，光是基督教就有長老教會、浸信會、安息日會等不同教派設立的醫院，而天主教醫院同樣遍布世界，然而他所接觸的佛教道場，似乎都以誦經、法會、自修與共修為主，較少落實於人間的具體作為。

「『慈、悲、喜、捨』四無量心，是佛教修行者的心境；『信、願、行』更是佛法缺一不可的修行方法。然而佛法這麼偉大、這麼好，世界上為什麼就沒有一所佛教醫院呢？」

在他虔誠深入佛教信仰的同時，內心仍不由得感到些許遺憾。

「慈濟」簡介驚鴻一瞥

「林俊龍你看，這本冊子介紹臺灣的證嚴法師，他在花蓮創辦了慈濟醫院，你以前臺大的老師，都是籌備委員！」在駐美辦事處辦理簽證時，洪琇美看見了一本名為《證嚴法師的慈濟世界》黃色小手冊，喜獲至寶請了回去；林俊龍下班後一回到家，就趕緊與他分享。

一九九〇年，林俊龍的父親在雨中騎乘自行車跌倒，沒想到送醫之後，竟意外被診斷出罹患肺癌。當時，多數肺癌被診斷出來時，病情已不容樂觀，林俊龍夫婦決定帶著孩子回故鄉省親。

他們沒想到的是，洪琇美辦理簽證時，驚鴻一瞥的那本小冊子，竟蘊藏改變他們人生下半場的能量。

他倆離開臺灣的二十多年間，慈濟在花蓮默默發跡，一群受到法師精神感召的家庭主婦，每天從買菜錢中取出五毛投竹筒，還帶動市井小民的愛心，匯集力量救濟貧窮病苦人家。

林俊龍赴美之前，慈濟醫院還未誕生，手冊提及了幾位他所熟悉的臺大教授——身罹重病仍毅然承擔創院院長的杜詩綿、慈院草創就慨然投入拓荒的曾文賓、慈濟護專（現為慈濟科技大學）創校校長楊思標等人，都為篳路藍縷時的慈濟醫院獻出心力。

他愈看愈好奇，愈看愈感動，決定利用這次返臺期間，實地前往花蓮一探究竟。

返臺日期確定，洪琇美打了通越洋電話回板橋娘家，告訴母親，花蓮有一家慈濟醫院，希望能幫忙安排一趟花蓮行。

這時她才知道，臺灣的家人與慈濟醫院其實早有連結。

許多年前，洪琇美的父母聽說證嚴法師要蓋醫院，就開始捐款大力護持建院基金，還屢屢和姑姑、友人一同到花蓮拜訪，法師對他們也不陌生；就連在服兵役中的弟弟，也按月將薪餉捐給慈濟買病床。

儘管林俊龍對父親的病情心有牽掛，但這也讓他們愈加期待這次的「返家之路」。

人生下一個目的地

單軌臺鐵東部幹線尚未邁入電氣化，誤點頻繁，林俊龍搭乘的這班火車也不例外，匆匆趕抵慈濟醫院時，已經遲到了。

那是個毛毛細雨的日子，他們被引領到慈濟醫院二樓會客室，在場有師父拉開隔屏，只見身形消瘦的法師正在裏頭吊點滴，等候著他們的到來。座談間，證嚴法師述說建設慈濟醫院的點滴歷程，有困難更有感恩，儘管得到許多人的大力支援，但花蓮資源不若西部充裕，人才的招募與留任始終困難。

「花蓮的鄉親很需要心臟科醫師。」聽到證嚴法師的召喚，林俊龍心動不已。

醫學的訓練讓林俊龍敢於思辨，更重視實踐，且在美國將近三十年，若是有人喜歡高談闊論，任憑他如何口沫橫飛，美國人常會說一句：「You put up, or you shut up.」要人坐而言不如起而行。

令林俊龍震撼的第一點是，慈濟的一切都不是空談出來的理論，而是扎扎實實呈現在眼前的行動，慈善、醫療、教育、人文，四大志業，在在經得起考驗。第二個歡喜是，過去學佛時內心的疑惑，在這一趟旅程中全數消解！佛法的理想境界，真的有人具體做出來，實現在人間。

他恍然大悟：「世界上不是沒有佛教醫院，現在我所在的地方就是！」

慈濟用微薄卻綿密的愛心和善行，造就弘法利生的志業，他讚歎這是「天下一大奇蹟」。他一直認為，學佛者有「信、願」之後，一定要加以「力行」才能圓滿，如今他找到這樣的佛教團體了。

隔天一早，他們又去拜訪靜思精舍，與法師再度會談，兩個多小時裏，體會慈濟醫院從無到有，以有形度無形，真空妙有的精神。

法師話鋒一轉，問林俊龍：「要回來嗎？」

林俊龍不假思索：「好啊！」

他的規畫是，「退休後，一定加入慈濟一起打拼。」顧及當時兩個孩子都還是高中生，生活尚未獨立，北嶺醫院的院務與長期依賴自己的病人也需要妥善安排，他無法許諾即刻返臺，但人生的下一個目的地，已然清晰。

法師求才殷切期盼

回到美國，林俊龍和洪琇美如常的生活中有了新動能。回想那天在靜思精舍，法師攤開偌大的洛杉磯地圖，向他們介紹慈濟在南加州阿罕布拉市（Alhambra）的據點，洪琇美心有好奇，便利用林俊龍上班、小孩上學的時間，開車去慈濟會所捐款，同時了解慈濟在當地的活動狀況。

聽值班志工說需要人手，洪琇美從此每週四送小孩去上學後，就去會所幫忙，志工們知道會所來了一位新發意菩薩，都非常欣喜。

直到某一天，當地華人有意推薦證嚴法師參加臺美傑出人物獎，一位醫師來會所幫忙蒐集資料，正好遇到洪琇美值班。

「咦？你怎麼在這裏？」

早有私交的兩家人一照面便認出了彼此，洪琇美的身分真相大白。

「啊！原來你就是林醫師的太太，上人一直在問，我們一直在找你們！」一旁的慈濟委員蔡慈璽喜出望外，尋尋覓覓的那個人，就在眼前燈火闌珊處。

說來奇妙，洪琇美在板橋娘家的母親，偶爾南下臺中探訪大舅，竟連在高速公路服務站休息，也能與行腳在外的證嚴法師不期而遇；赴花蓮時，即使未經刻意安排，也總是巧遇。

法師求才若渴，每回見到洪母總要問一次：「您的女婿何時要回來？」

他們與慈濟的因緣，似乎正愈漸緊密地交織在一起。

全美第一所佛教義診中心

受到證嚴法師的感動與啟發，林俊龍返美後，也希望能延續慈濟醫療的理念到美國，凝聚社會人士的愛心，讓身陷困厄的病人得到適切的照護。

美國雖然有全世界最好的醫療水準，醫療服務卻極為昂貴，根據《美國公共衛生雜誌》在二〇一九年的統計，美國將近百分之六十的破產申請者表示，破產主因是醫療花費。

只有合法的美國公民才能享有美國聯邦醫療保險（Medicare）和低收入戶的醫療補助（Medicaid），經濟能力許可的民眾，會將一定比例的收入，用來購買額外的私人保險，以便在需要醫療時能負擔得起巨額開銷，且保險費還會隨著年齡增長與生理變化而提高。

對於有保險的民眾而言，醫療費用尚且是沈重的負擔，那些沒有保險的居留者，一旦生病就只能被迫債臺高築，或是放棄正規的醫療管道。在居民種族國籍多元的洛杉磯，這種案例屢見不鮮。

移居洛杉磯的實業家黃思賢，在一九九一年承擔慈濟美國分會首任執行長後，發心跟上臺灣慈濟四大志業的足跡，慈善、教育、人文志業都逐漸做出成果，唯獨欠缺醫療志業這塊拼圖。

阿罕布拉的慈濟會所，由黃思賢無償提供，前身是一家保險公司的辦公室。隨著慈濟會務的擴展，會所空間不敷使用而準備遷址，志工們希望能將空間轉型，應社會所需發揮最大良能。

北嶺醫院院長伉儷發心做慈濟的消息，令當地慈濟人為之一振，他們很快就建立了共識，展開具體行動，籌設醫療服務據點。黃思賢邀林俊龍召集籌備團隊，一九九二年間，赴洛杉磯多家慈善機構考察，發現各義診中心人滿為患，使得興辦慈濟義診中心的構想更加明確。這時洪琇美也沒閒著，她成為社區志工的幹部，忙著打理會所與凝聚志工向心力。

經籌備組評估調查發現，當地有百分之七十六的居民，因為缺錢而不去診所或醫院診治。義診中心所在地區，居住著大量華人移民，七成五的新移民、六成的六十五歲以上老人，缺乏適當的醫療保險；更遑論交通困難和語言障礙的街友和非法移民，醫療需求可謂迫切。

通通免費廠商相挺

這是全美第一所由華人、佛教徒成立的義診中心，也是慈濟醫療志業延伸至海外的第一個定點。在證嚴法師「自力更生，就地取糧」的敦勉下，慈濟志工舉辦各種義賣活動、茶會，甚至發動電話募款。

美國人力十分昂貴，不但硬體改建需要開銷，與相關部門文書往來也需要費用，未來長期聘雇的行政、護理人員，以及各種常務開銷，都需要穩定的資金來源，這點點滴滴都來自當地華人與社區居民的捐助支持。

美國是工業社會，洛杉磯又以打工、上班族居多，經商致富的企業家比例並不高，居民收入在負擔房貸、車貸、稅金、保險和日常開銷後，所剩無多，若是家中還有就學子女等依賴人口，就只能追求收支平衡。因而對比於臺灣，在美國勸募相對不容易。但林俊龍相信天下處處有好心人，只要能給予機會，他們就會願意付出，共同成就好事。

美國重視法治，即使是義診中心，州政府也設立了嚴格的建築規章和軟硬體標準。單就一個廁所來說，從門的高寬尺寸，到內部的輪椅迴旋空間，都制訂得非常詳細，林俊龍找來一家顧問公司協助輔導，確保義診中心順利通過申請。

議價時，顧問公司緊踩價格底線，無論他如何表明照顧弱勢族群的用心，對方始終堅定立場：「我們不是非營利機構，有很多人力成本、辦公室營運開銷，收費是兩千五百元美金，不能更低，更不可能免費幫你們服務。」

雙方討價還價之下，最後各退一步，以一千兩百美元成交。

一九九三年二月，義診中心獲得阿罕布拉市都市計畫委員會的全數贊成，核准設立。再經緊鑼密鼓地籌畫與改建，終於在街邊樹立起「BUDDIST TZU CHI FREE CLINIC（佛教慈濟義診中心）」招牌，準備迎接十一月的開幕式，顧問公司送來厚厚兩大本設立文書。

「我看到你們門口招牌寫著『Free Clinic』，是什麼意思？」

「我們免費幫符合條件的弱勢族群看病呀！我們的醫師都是志願者，醫療服務免費。」

「看病免費，抽血檢驗總要費用吧？」看著滿心不解的顧問專家，林俊龍伸手一指：「我們跟旁邊的抽血站有簽合約，他們提供我們最優惠的價格，只要檢體送過去，他們馬上幫忙做檢驗，但我們對病人：免費。」

「我沒想到是這樣！」顧問專家雖然了解慈濟義診中心經費來自大眾捐款，但令他意外的是，就連周邊機構也能提供價格低廉的特約服務，於是他接著又問：「那處方藥物總得要收錢吧？」

「不用，我們有很多合作藥廠，他們免費提供我們安全效期內的藥品，看診後我們有藥師、志工協助包藥，病人領藥：免費！」林俊龍笑得燦爛。

「讓我太訝異了。好，你們既然都可以做到免費，那我這一千兩百元也就不收了！」聽到這一席話，林俊龍欣喜之餘也不免替他擔心，再次確認：「你不是說過，辦公室有人事成本跟各種開銷嗎？」

「不收了，請當作我們捐款給慈濟！」

這件事，讓林俊龍更加深「天下處處都有好心人」的信念。他確信，付出愈多，得到也愈多；如銀行存款，存得愈多，時間愈長，得到的複利也愈多的道理一樣。

當時的美國超市有一句廣告詞：「你很快的就會把價格忘掉，但對我們的好品質將永遠記得。」他也套用這句話說：「你很快就會把付出的辛苦忘掉，但愛心將永遠存在。」

愛心湧動貧病受惠

有了硬體，還要有好的軟體，溫暖親切的慈濟志工之外，專業醫師是最重要的基石。

林俊龍動用人脈，向當地各醫學會、臺灣醫學會、在當地執業的大學同學、校友招兵買馬，社區裏的華人志工也積極幫忙。

西醫、中醫和牙醫人才俱全，有一百二十名專業醫護人員登記參與義診，近三百多位各界人士加入非專業志工，愛心在當地湧動。

他們促成義診中心成立的熱情無怨，感動了許多人，林俊龍的一位美籍醫師友人在退休前，將診所裏的所有儀器設備捐贈給慈濟，此外，也有不少醫院提供了實質的支持。

啟業當天，他領著貴賓介紹義診中心，臉上掩不住欣慰：「這些設備大部分都是人家捐贈的，而且是最先進的儀器。光是這套牙科設備就要一萬五千美元，是參與義診的醫師捐贈的。」

醫師們利用自己的休息日排班看診，自掏腰包做免費的服務，非但不覺得勞累辛苦，還樂在其中。他們不約而同有著一樣的心聲：「來義診中心看診的這幾個鐘頭，是一個星期中最快樂的時光。」

道理何在？

在美國，醫療是一種商業行為，醫師與醫院之間、醫師與病人之間、病人與醫院之間，有繁瑣的保險、帳單、金錢交易往來作業；但慈濟義診中心看診免費，少了商業往來，病人能感受到醫師無所求的關懷，醫師能接收到病人真誠的感恩，這分喜悅像一口甘甜的心靈活泉，吸引醫師們願意持續不斷來投入。

時至三十年後的今日，加州阿罕布拉慈濟義診中心轉型為健康中心（Tzu Chi Health Center - Alhambra），除了持續以各界善款照顧低收弱勢族群外，也以親民的價格為具保險身分的病人提供收費醫療，永續照顧當地居民。

重要文件不翼而飛

一位來自上海的六十四歲女士，移民美國已有十年，因為一場車禍而留下胸痛與背痛的後遺症，由於沒錢購買醫療保險，又因上了年紀找不到工作，三年來每天都過著與疼痛共舞的日子，無法就醫治療。

某一天，透過當地華語電臺，聽說慈濟在籌建義診中心，她天天盼望不已。得知開業日後，就立即致電電臺代為預約看診，在義診中心啟業當天，成為第一位就診病人。

不過嚴格說來，她並不是第一位到義診中心尋求協助的病人。開幕前一天傍晚，一位來自香港的女學生登門求助，平時半工半讀賺取學費和生活開銷的她，因謀職單位要求體檢報告，但這筆額外的開銷，讓她的生活變得捉襟見肘，羞怯地詢問慈濟義診中心是否能提供健檢服務。

林俊龍在了解她的處境後，慨然伸手相助，黃思賢也掏腰包與她結緣，勉勵她早日完成學業，為社會貢獻所長。

這類溫暖人心的故事，天天在義診中心上演，然而運作順暢的背後，其實是來自於志工們的勇敢承擔，一次又一次地解決困難。

啟業前，籌備團隊背負著各界期待，一步一步將義診中心推上軌道，接受各主管機關實地稽查，壓力山大。

就在義診中心啟業前一個月，意外的插曲發生了。

一天上午，大家都聯絡不上義診中心聘雇的事務專員與護理長；兩人非但不告而別，連帶他們所保管的ＳＯＰ作業標準文件，通通不翼而飛。那是團隊人員的工作準則，更是通過醫療評鑑的重要文件，沒了這些，事情就大條了。

籌備歷時將近兩年，好不容易萬事俱備，總不能在最後關頭雙手一攤，一籌莫展，林俊龍緊急拜託鄰近醫院出借資料作為參考，和洪琇美一起從零開始建置檔案。

今日全球資訊數位化，只要按下 copy、paste 快捷鍵，就能輕易複製貼上需要的內容，但在當時，他們必須一鍵一字地敲著打字機，才能做出報告。

夫妻倆就這樣熬夜一個月，趕在開業前把檔案建立齊全。當稽核人員來會勘時，從水龍頭的水溫、殘障廁所的尺寸，到各個部門的作業標準，逐一審查，順利過關，義診中心獲准啟業。

據說，臨陣逃跑的那兩人是壓力太大了，林俊龍笑看風雲淡，那段日子，大家確實是很辛苦，只是直到今天，逃走的兩人行蹤都還是個謎。

貼心設想平等相待

帶動全球電影娛樂產業脈動的好萊塢，就位於洛杉磯，這座城市光鮮亮麗，吸引了大量青年慕名而來，如同十九世紀的淘金熱般，他們都希望在這裏得到一份好工作，過上富足的生活。

然而缺乏一技之長的人，很容易被淘汰於社會邊緣，高房價加上高物價，拉開了貧富之間的距離，弱勢族群安身立命大不易。

這座華麗城市的另一個身分，是全美街友人數最多的城市之一。

無家可歸的街友，有時幾個月沒有沐浴更衣，身上不免散發讓人皺眉的複雜氣味。慈濟義診中心規畫了沐浴室，讓街友可以舒舒服服地洗一個熱水澡，還備有潔淨的二手衣供他們替換。

當他們清清爽爽地走進診間，自尊心也隨之提升。但即使蓬頭垢面地來求診，志工也依然親切接待，醫師看診時永遠繫著領帶，這是林俊龍的堅持，無論任何病人都秉持初心平等相待，儀容整齊。

一年一度的感恩節，是基督教徒的重大節日，人們舉行感恩祈禱，團圓慶祝一年的豐收，這樣的日子令無家可歸者感到分外寂寥，志工也體貼關照到這一點，準備豐盛的素食中國菜與街友共享，這樣的傳統延續至今。

阿罕布拉慈濟義診中心成為當地華人醫護、社區居民愛心的凝聚地，但林俊龍想做的不僅是定點，加州幅員廣大，愈是遠離大都會的城鎮，醫療資源愈貧乏，想要提升醫療可近性，就必須把服務主動送到居民所在的社區。

行動醫療車的理念得到團隊的認同，志工們籌集經費購買旅行卡車，逐步改裝成具有隱密性的抹片檢查室、胸部X光攝影室等醫療空間，為居民的健康把關。

加州中部充沛的陽光，孕育出舉世聞名的水果，葡萄、櫻桃、桃子、甜橙……物產豐饒而美味多汁，流動工人們（migrate workers）如遊牧民族般以汽車為家，隨著水果不同的產地、產季而遷移工作地，他們的健康與子女的教育成了問題。

「大愛醫療巡迴車」從美國慈濟義診中心啟動，開往農工聚集的地方提供服務，這樣的模式日後逐漸在其他州開枝散葉，誕生出更多部醫療車，開往美墨邊境，開往卡崔娜颱風肆虐後的紐奧良，更開往受強震摧殘的國家厄瓜多，及時送上醫療關懷。

有一次醫療車開進校園，校長滿臉欣悅地跑來對志工說：「謝謝你們的付出，我們一位學生戴上你們提供的眼鏡後，學習表現突飛猛進，原本成績差強人意，現在變成全班第一名。」

慈濟醫療車不但提供專業的醫療服務，還配置眼科驗光設備，現場就可以做視力檢查，磨鏡片、配眼鏡。

僅僅是「看得清楚」，就足以改變他們的命運，志工何樂而不為呢？眼科醫療車在今日已成為美國慈濟醫療的一大特色。

頭殼壞掉的決定

一九九三年四、五月之交，美國慈濟義診中心籌備進度已然明朗之時，林俊龍夫婦應黃思賢之邀，返臺向證嚴法師進行會報。

就在這一年，夫妻倆同時皈依法師座下，法號分別是濟盟與慈聯。今後他們既是夫妻，也是法親，海角天涯都擔負師志，做堅強的「慈濟聯盟」。

那些年間，林俊龍幾度返臺，都會到花蓮關心院務發展，雖然次數不多，卻都正好遇到法師身體不適，明明亟需靜養，仍提起精神忙忙碌碌為眾生奔波，若有弟子擔憂他的身體時，他則會期勉大家把心思用在關懷普天下眾生。

儘管花蓮慈濟醫院的軟硬體都有長足進步，但臺灣後山交通建設緩慢，機能條件與醫學資源依舊落後於西部，此次回臺，適逢幾位醫師將同時返回西部服務，讓法師憂心不已。

與林俊龍座談時，他慨歎慈濟醫院經營不易，有能力的弟子卻遠在海外，神情殷切地說：「你已是師父的弟子，人家說有事弟子服其勞，現在有沒有想要回來幫忙？」

回想一九七八年末，亞洲規模最大的私立醫院林口長庚醫院啟業。啟業前的籌備階段，林俊龍夫婦回臺省親，院方主管曾積極邀約他加入長庚醫療團隊，但他放不下現實中的諸多牽掛，於是婉拒了邀請，留在美國繼續精進。

十多年過去，此刻的他心想，佛教常說人身難得、佛法難聞、明師難遇，而今自己都已經得到了；此外，還有一件必須把握的事：天下有心人那麼多，能入慈濟之門且深心信解者有幾人？

就在這一天，他的內心已然篤定，是時候回臺灣貢獻所長。

「你覺得如何？」法師眼神轉向一旁的洪琇美，了解她的意願。

原本計畫退休後才返臺的他們，再也無法忽視法師心中的迫切。大事一向尊重夫婿決定的洪琇美，心裏早已有數，答：「都看他呀！」

「好！」法師的這一聲，回應得鏗鏘有力，著實把洪琇美嚇了一大跳！

學習全球最新技術

距離預計走馬上任的時間，只剩短短幾個月，此時的林俊龍已非出國當年的孑然一身，他為人父、人夫，更是醫者和經營管理者，年邁的母親此時也來到美國生活，他必須負起責任，做好安排。

好在這一年多之間，兩個孩子陸續上了大學，各自展開獨立的校園生活。提前卸下北嶺醫院院長職務的他，也用最短的時間結束自己的辦公室業務，將病人轉介給其他醫師照護，而義診中心的營運管理，則交接給閻雲醫師來承擔。

往後的生涯，他不但要為臺灣獻出畢生所學，還要帶回最新穎的心臟醫學技術，造福更多患者。

在二十一世紀的今天，運用心導管實施氣球擴張術與血管支架放置術，已成為治療冠心病的主流方法，但在他初出茅廬時，急性心肌梗塞病人只能採用臥床的支持性療法，數十年間醫學知識和技術的發展，不可以道里計。

醫學史上的第一宗心導管人體試驗，發生在一九二九年夏天。德國沃爾．福斯曼（Werner Forssmann）以自己為試驗對象，將導尿管成功插入心臟，然而他卻受到主流醫學界的強烈抨擊，行醫之路波折不斷，時隔將近三十年後，才獲得諾貝爾醫學獎的肯定。

一九七七年，瑞士蘇黎世醫師安德里亞斯．格倫登希（Andreas Gruentzig），首度使用氣球擴張術來治療冠狀動脈狹窄患者，開啟了介入性心臟醫學的新紀元。

醫師在病人的腹股溝或手臂穿刺一小孔後插入導管，沿著血管深入到冠狀動脈狹窄處，再將導管前端的氣球加壓膨脹，使血管管徑得到擴張。

由於手術風險低，取代了大部分的傳統冠狀動脈繞道手術，然而在手術六個月後，有將近一半的病例血管會再度產生狹窄，原因是血小板沾黏。

歷經二十年，醫療技術逐漸成熟，一九九四年，血管支架正式被應用在心導管手術中，後來更有塗藥支架的問世，大幅度降低血管再狹窄率。

一九九五年返臺前一個月，林俊龍飛往德州休士頓，學習當時世界上最新穎的冠狀動脈支架放置術。

把握一生難得機會

「You are out of your mind!（你神智不清了！）」

在啟程前的臨別聚餐中，保羅．寺崎（Paul Terasaki，日文姓名寺崎一郎）教授忍不住對林俊龍說出這句話。

寺崎教授是國際上器官移植研究領域的頂尖科學家，他發明的ＨＬＡ（人類白血球抗原）分型架構，對於識別異體器官移植的排斥反應發揮了關鍵作用，一度是獲頒諾貝爾醫學獎呼聲極高的學者。

林俊龍與他的因緣，也始於慈濟歷史中的一段重要故事。

一九九三年，慈濟受到臺大、榮總等醫界的公推，籌建臺灣的骨髓捐贈資料庫。由於骨髓庫的維護資金極為龐大，又需要大量的推動者與捐贈者，各界相信，以慈濟的公信力，可以讓資料庫永續經營。

事實上，國際上的骨髓庫，多半是由國家補助營運，臺灣的慈濟骨髓庫是極為罕見的例子，完全由民間愛心所成就。

慈濟推動骨髓捐贈一年後，就成為亞洲最大的骨髓資料庫，這期間，遠在美國的林俊龍和寺崎教授，也出了一分重要力量。

當時，亞洲的ＨＬＡ檢驗分析實驗室能力有限，而寺崎教授在ＵＣＬＡ的實驗室規模與技術，皆為全球首屈一指，慈濟將每一場驗血活動後的檢體打包空運，委請寺崎教授團隊做分析。

原本一筆檢驗費用要價八十美元，林俊龍代表慈濟出面與他洽談，討價還價降至四十多美元，他們也從此成了好朋友。

在林俊龍返臺前的餐敘中，寺崎教授直指他是「頭殼壞掉了」！在美國奮鬥二十五年，擁有寶貴的聲望成就，過著優渥自在的生活，卻放棄一切回到一個「落後國家」，「工作是加倍的忙，薪水卻只有好幾分之一，為什麼還要回去？」

林俊龍毫不猶疑地回答他：「三個理由讓我非回去不可——我是臺灣人、我是佛教徒、我是醫療工作者。現在能有因緣為臺灣、為佛教、為醫療貢獻在美國二十五年來所學的一切，這樣的機會一生難得，我不能放棄。」

在場的另一位醫師關心問道：「慈濟邀你回臺灣，你有收到聘書嗎？回去要做什麼？」

他不假思索回答：「沒有啊。上人叫我回去，我就回去了！」

採訪筆記

最好的證明

醫師人力是花蓮慈院啟業後十餘年間最辛苦的事情之一，他回到花蓮服務後，就積極至各地招募年輕醫師。

有一次到中部某醫學院演講時，醫學生挑戰他：「你們醫院有什麼問題，否則為何有這麼多醫師離職？」

他並沒有多做解釋，直心回應：「那你們看我呢？」

如他一生處事態度，多說無益，做給你看。

慈濟骨髓中心成立後，很快就成為世界上重要的骨髓庫之一，寺崎教授曾在骨髓中心十周年時應邀來臺灣演講，兩位老友順便敘舊。當年質疑林俊龍捨美國回臺灣的寺崎教授對他說：「你做了正確的選擇！」

開始人生下半場

自從皈依證嚴法師後，林俊龍就開始為返臺而鋪路，他為長期接受自己治療的病人，尋覓了一位專科醫師來接手，確認病人的療程都能無縫銜接後，才安心地離開。

在寫給美國病人的信中，他表示：「由於臺灣更需要我，所以我將離你們而去。但請您放心，我安排了一位非常優秀的心臟科醫師來照顧你們……」一位七十多歲的老病人來林俊龍的辦公室，給他一個捨不得的擁抱：「當初我是因為看你年輕，才來找你治療，心想這輩子再也不必換醫師，但沒想到，你竟然還是落跑了！」他一邊喃喃抱怨，一邊拿出餞行禮物，恭敬地交給林俊龍：「可是，我非常尊重你！我知道那個地方比我更需要你，所以我要祝福你，這一百元美金，請你幫我捐給慈濟。」

老病人的祝福，激勵了時年五十二歲的林俊龍。時隔將近三十年後，滿頭華髮的他，想起過去病人們無條件的支持與鼓勵，還是忍不住喉頭哽咽。

那每一分祝福的背後，都有醫病之間深厚的信任與友誼，都是他不負醫者生涯的證明。

生活從簡樸到簡樸

一九九五年七月二十七日清晨，前一晚剛下飛機返抵國門的林俊龍，就出現在靜思精舍的志工早會座談中。

法師感恩他放棄在美的一切，以「倒駕慈航」的願力，來到慈濟醫院做「常住的活佛」，是具足大仁大勇者。

當天下午，他帶著簡單的行李赴花蓮慈濟醫院報到，曾文賓院長率領主管群為他接風。從今開始，慈院增添了一位副院長陣容，法師託付他們齊心協力，使慈濟醫療品質更上層樓。

看似風光的林俊龍，生活其實過得簡樸，隻身搬進位在慈濟醫院後面的宿舍區，開始了他暌違二十多年的「單身生活」。

他和洪琇美很早就決定茹素了，早年素食人口比例不高，外食亦不便利，當有訪客來時，他們經常自己在家接待。但過去有妻子做後盾，無論是子女教育、家中諸事，乃至柴米油鹽醬醋茶，從來都無後顧之憂；夫妻倆雖非形影不離、如膠似漆的相處模式，卻是彼此生命中不可或缺的存在。

如今，他獨自住進臺灣後山的慈院宿舍，除了法師的信任之外，誰也不認識他，但他還是每天神采奕奕地步行進醫院上班，周末便進靜思精舍參加志工早會，熊熊鬥志在他半百過後的生命中不斷燃燒，不曾有誰聽他埋怨過生活上的委屈和不便。

認識慈濟後，他曾聽了一些慈濟出版的錄音帶《渡》，每一位分享者在加入慈濟、領受證嚴法師教導後，幡然醒悟而改變人生。但相較於許多「有頭有臉」的人物，他的生活卻可以說是有點無趣。他不抽菸不喝酒，美國家庭冰箱必備大桶牛奶，休閒時愛喝啤酒，聚餐時必喝可樂，這些習慣他一樣都沒有沾染，連咖啡也不怎麼喝，唯獨愛喝臺灣茶。

都說由奢入儉難，但林俊龍卻沒有適應問題。或許，他只是生活由一種簡樸回到另一種簡樸，生命從一種富足迎來另一種富足。

不過，林俊龍工作這麼忙碌，夫人為什麼沒有跟著一起回來？這背後又是另一段故事了。

追求理想不受牽絆

儘管慈濟從籌備之初，就是以設備新穎的大型醫院規模來思考，但當時的臺灣醫療環境，與美國確有一段落差。

例如，當時在美國做心導管手術，他刷手後，只要雙手一伸，就有助理幫忙戴上滅菌手套，走到已經完成麻醉、消毒的病人身邊，只要專心執行手術作業就好；任務完成，將導管從病人血管中抽出，就可以轉身離開，其餘前置與善後工作，都由其他團隊成員包辦。

但回到臺灣，從接病人進入導管室，到病人手術部位的消毒、鋪單，醫師都得自己來，有時，他們還需要幫病人埋針打點滴。

不少人認為，林俊龍是放棄高薪屈就花蓮，但此時的他對美國唯一僅存的眷戀，是和妻兒共度的家庭時光。

只要想到自己把握了一生難得的因緣，能回到夢寐以求的地方貢獻所學，心情就感到甘甜，絲毫不覺得辛苦，更不會被華宅與經濟地位所牽絆。

如果不是打從心底熱愛這份職業與志業合一的工作，大概不到兩個月，他就可以找出千百種理由，跑回美國的舒適圈去了。

採訪筆記

陽光、沙灘和海浪

林俊龍當年提前從北嶺醫院申請退休，同仁們舉辦了一場歡送派對，祝賀他迎向嶄新的人生階段。

精心設計的創意蛋糕上，有一對身穿比基尼的奶油人偶，悠哉地躺在灑滿陽光的沙灘上。那是大家想像中的院長退休生活。實際上，回臺灣二十多年，他們卻沒有去沙灘享受過陽光。

他們忙忙碌碌在人群中修行，每個月巡迴全臺各地慈濟醫院，時常出國義診、賑災，面對的不只是風平浪靜，哪怕洶湧波濤，也都要保有這分日光浴下的神閒氣定。

少了主人的大豪宅

「嗷——嗷——」野生動物鳴叫的聲音，從屋後湖畔不同的角落傳來，陽光灑落的家園，處處充滿了生機。

夏秋之交，鮮少鳴叫的成年公鹿，為求偶而展開聲音的競技，在繁盛的山林間譜出熱鬧的奏鳴曲，幾個月後，就會看到鹿媽媽帶著小鹿們成群結隊外出，溫馴敏感的牠們，只選擇安心的地點覓食。

林俊龍和洪琇美在洛杉磯白手起家，胼手胝足打造的家園裏，栽種著不少果樹，成為小鹿家族經常光顧的食堂。

不同於臺北大安區或臺中七期重劃區的直立式想像，這裏的豪宅，是將生活空間朝著自然原野伸展開來。

寬闊的花園坐擁湛藍的大泳池，後院連結著碧綠的湖泊與蓊鬱的森林；敞亮的室內空間，有著採光極佳的大片落地窗，與戶外景觀融為一體；八、九戶人家共有網球場等休閒空間，社區寧靜而又舒適，丘陵的另一側，則是另一個好萊塢名人聚集的山莊比佛利。

廚房的天花板上，鑲嵌著洪琇美親手製作的彩繪玻璃，院子裏有許多花草，是林俊龍親自栽下，這個家的裏裏外外每一寸角落，都刻畫著主人經營生活的用心。但林俊龍說放下就放下了。

他認為，是人去住房子，而不是房子來住人，儘管夫妻倆花費了數年工夫，才慢慢把房子整理成理想中的家園，但它不應該成為人生的束縛。

家人共聚一堂時，百獸齊鳴是悅耳的協奏曲，然而沒了家人在身旁，夜晚的獸啼卻讓獨居的洪琇美飽受驚嚇。每當夜幕低垂，她只好點亮所有房間的燈光，連室外也要照得燈火通明，一個月下來，電費就超過一千元美金。

當夫婿熱情地往前衝時，洪琇美除了做後盾之外，也經常是幫他踩煞車的那一個。

自從第一次拜訪慈濟後，他們對於回到臺灣慈濟都已有了心理準備，但兒子還沒上大學，家中也還背負著貸款，她擔心的事情總是更多一些。不論從家業或事業，家人或病人的角度來看，她預計都還需要幾年鋪陳，沒料到上次回臺後，他就急匆匆地決定結束一切，絲毫沒有緩衝空間。

但她了解他的個性，應允的事，絕不失信，決定的事，就積極向前；一旦下了決心，他的意志是不可動搖。在夫妻之間的一場小革命之後，她終究選擇妥協。

獨留妻子打點善後

雖然早就幫父母辦了綠卡，但語言不通且外出交通不便，老人家總是待不住，每次到美國短住一陣子，就會想回臺灣。

父親過世後，林俊龍的母親因治療膝關節疾病，前往美國與兒子、媳婦同住。妹妹也在幾年前赴美工作，落腳加州，母女經常有機會見面，老人家這才稍微安住下來。

兒子說要回臺灣，母親不相信，不肯跟著他回去。

過去漫長的歲月裏，她一直在等他回歸故里。二十五年前，他答應母親出國一年就回臺灣，卻因工作、學習、家庭、子女等種種因緣牽絆，而讓老人家忍不住怨嘆「被一年騙過一年」。

如今他功成名就，家庭美滿，事業根基和人脈資源都在美國，更沒有理由頭也不回地放下這一切。母親相信他只是過去幫個忙，很快會再回美國。

但林俊龍已經打定主意，往後的人生要奉獻給佛教、慈濟和臺灣醫界。此外，他非帶母親回去不可的理由還有一個，因為在美國的妹妹被診斷出罹患末期癌症，一向疼愛她的母親還不知情。

隨著病程變化，終將紙包不住火，為了不讓曾經中風過的母親過度擔心，他們選擇隱瞞不說，迂迴地勸說老人家。好不容易才說動母親，隨著林俊龍搬回臺灣，留下洪琇美在美國打點善後。

在通訊不若今日發達的年代，出了國，就是天水各一方。目送林俊龍和婆婆搭上飛機，洪琇美獨自落寞地開車回家，廣播電臺正好播出了臺灣歌手張秀卿的成名曲〈車站〉，從第一句歌詞開始，就瓦解了她一直以來所表現的堅強——

火車已經到車站
阮的心頭漸漸重
看人歡喜來接親人
阮是傷心來相送
無情的喇叭聲音聲聲彈
月臺邊依依難捨心所愛的人……

是不捨，是不甘，是生離和死別的天人交戰，是對人生變數無法掌控的默然，從不輕易落淚的洪琇美，再也壓抑不住兩行淚水……

一筆勾銷不再執著

從美國西岸遠眺太平洋，海洋的盡頭就是臺灣東岸，林俊龍在地球那一端為新的生涯目標而打拚，洪琇美獨守大宅院，卻也是東奔西走，一點也不清閒。她跑了許多機關，為林俊龍在美國的各種專業訓練證明、執照文件辦理公證，以便他能順利在臺灣行醫。

他一心趕赴履行慈濟承諾，揮揮衣袖離開得瀟灑俐落，期間還利用有限的空檔，去學習全球最新的心臟治療技術，無法面面俱到了解臺灣方面的要求，相關手續只能委託洪琇美幫忙辦理。

但這些不是最麻煩的。匆匆結束的辦公室，猶有大量應收帳款，她只能按月送帳單逐筆催收。

有些病人知道醫師離開而無心繳款，有些人雖然欠款上百美元，卻只每個月意思意思送來五塊美金，為此付出大量的行政作業與郵件往來，實在不敷成本。

好在有一位跟隨他們十八年的老護士，陪著洪琇美處理善後，最後，他們決定將剩下的六十多萬美金帳款一筆勾銷，不再執著。

在林俊龍離開美國的半年後，洪琇美終於拉著行李，回到臺灣。

那充滿回憶與感情的房子怎麼照顧呢？在美東就讀醫學院的兒子，聽母親的話，申請轉到ＵＣＬＡ就讀醫學系，但課業繁重的年輕人，被半公頃大的院子和盆栽搞得焦頭爛額，他寧可在學校附近租個簡單的房子住。

於是，在房市景氣最低迷時期，房子易主了。

但對他們而言，那些都不再重要；重要的是，如何不負未來的因緣。接下來的人生，他們還有很多事情要做。

採訪筆記

大體捐贈

十多年前，大愛電視拍攝林俊龍夫婦的戲劇，洪琇美曾對劇情加料有些許抱怨，對此，林俊龍的態度卻是淡然的。他淡淡地對妻子說：「當作是大體捐贈就好了。」

人生沒有什麼不能放下的，名利財富是如此，情執愛欲是如此，頭目髓腦是如此，面對毀譽誤解也是一樣，難捨能捨，沒有什麼過不去的。

以病人為念

百年前的臺灣，由於氣候溼熱與衛生條件不佳，又開發得較晚，傳染疾病十分普遍，被認為是瘴癘之地。

十九世紀中葉雖有漢醫和民俗醫療的進駐，但體制並不健全，民眾治病以求神問卜和偏方為主流，直到一八九五年日本統治臺灣後，才建構起現代化的公共衛生基礎和西方醫學訓練系統，這使得臺灣近代醫療體系深受日本影響。

身為知識和思想精英的醫師們，社會地位崇高，有絕對的權威。早年雖然人情互動溫暖和諧，但醫療資訊不對等、病人無法參與醫療決策，隨著社會生態改變的推波助瀾，醫病之間逐漸產生鴻溝。

慈濟醫院來了一位美國心臟科權威醫師，花東不少心血管疾病患者對他感到好奇，但不同於人們過往對「權威」的印象，他不但專業聲望卓著，為人還極為隨和親切，很快就累積了高人氣，候診區大排長龍。然而，他的目標不是成為一位高人氣醫師，而是希望能對慈濟醫療做出實質貢獻。

他明白慈濟涓滴來之不易，一方面滿懷感恩，一方面抱持尊重，融入醫院的運作，但只要是對多數病人有幫助的服務，從門診、檢驗到住院，甚至是環境與社區，他都願意嘗試改變設計，出發點只有一個——以病人為中心。

調整作法利益患者

花蓮是全臺土地面積最大的縣市，地形狹長，南北距離跨越一百三十七公里。但當時整個花蓮中、南部地區缺乏較具規模的醫院，病人若有需要專科醫療，須往北部的花蓮市移動。

一位來自瑞穗鄉的病人走進診間，不但氣喘吁吁還雙腳水腫，林俊龍趕緊伸手一扶讓他緩緩坐下。

他用自己的手溫將聽診器摀暖，俐落而輕巧地貼在病人的胸膛，一聽心搏速率快得不正常，有心臟衰竭的現象，需要配合相關的檢查證據，才能開出最適當的治療藥物。

「你的心臟比較沒力，需要吃藥治療，不過我會先安排你去照一張胸部X光、做心電圖、抽個血，還有心臟超音波檢查，之後再回來看我的門診，看完報告之後，我就會幫你開最好的處方。」

病人瞪大雙眼哀怨嘆道：「這樣下來我會破產！」

「怎麼會呢？一次門診掛號費只要五十塊錢而已呀。」林俊龍心想病人遭遇了什麼問題，會讓他連下一次門診的醫藥費都負擔不起？

「計程車司機還在醫院外面等我，從瑞穗到這裏，來回一趟就要三千塊車錢；今天看門診，明天抽血，後天來照X光，下星期做超音波，之後又要回診，你看這樣我能不破產嗎？」」

花蓮地區並無便捷的大眾運輸網絡，許多偏鄉民眾是搭乘白牌計程車來就醫，與其來回奔波還拿不到藥，病人寧可選擇放棄治療。

林俊龍聽懂了病人的處境，立刻察覺需要改變的問題，儘管那對臺灣普遍的醫療界來說，並不是「問題」。

醫療設備進價昂貴，維護保養、相關耗材、操作人力、折舊攤提，都是院方的成本負擔。站在經營管理的立場，要把儀器時段用好用滿才符合效益，只有急重症病人有資格臨時插件，而不可能留下空檔讓門診病人隨到隨用。

他想，不論醫護人員態度如何親切，讓病人為了配合診斷而多次舟車勞頓，仍不夠貼切「以病人為中心」的思維。如何在成本效益與人本醫療之間找到平衡點，需要系統性的改變。

「半日診」的構想於焉萌生。首先協調各檢查室將排程調得寬鬆一點，以便能隨時以「急件」安插遠程病人做檢查。而對於那些由衛生所轉介來的患者，就先告知他們早上空腹來院抽血，看診後即時接受心電圖、X光等檢查，病人當天就可以拿藥，並且預約下次門診。

行醫至今，林俊龍始終堅信「醫師必須把病人的福祉放在自己的利益之上」，醫院只要稍微調整作法，病人就能得大利益，醫病、醫人也安其心。

帶頭改變並不容易

「林醫師，你要我來抽血，但是我能來的時間，你們抽血站都沒開，要怎麼抽？」門診病人面對林俊龍即將開出的檢查單，忍不住述說他的為難。

抽血只要幾分鐘的時間，這回病人又住在花蓮市區，並非遠道而來，究竟困難又何在？

原來病人是工薪族，和醫院多數部門一樣八點就要上班，每回看診，他總得向老闆要求半天的休假，若是還要額外安排時間來抽血，就得在遲到和請假之間做選擇，惹得老闆對員工的差勤狀況頗有意見。

「對呀，那我們的抽血站何不七點就開呢？」林俊龍心想，只要醫院調整作業模式，就可以解決許多病人的困擾。沒想到溝通過程，又碰了一鼻子灰，光是上班時間的調整就卡關不前。

面對對方堅決立場，說話一向直爽果斷的林俊龍，也不得不低聲下氣拜託再拜託。

他的期望是，一早病人空腹到醫院抽血後，輕鬆地吃完早餐，接著看診時，醫師就能根據檢驗報告與門診評估開立處方，讓病人順順利利領藥回家。

此時林俊龍要打破的，不僅是慈濟醫院啟業十多年來的管理模式，也是臺灣醫界普遍的型態。帶頭改變並不容易，慈濟醫院終究做到了，至今運作順暢。

事後許多年，他率領大林慈院接受評鑑，評鑑委員看到檢驗科服務成果，當即評論：「你們醫院的檢驗科品質太差了！」

然而他早已檢視過所有證據，十分篤定檢驗團隊的品質：「我們把檢驗數據拿去第三方機構比對，正確率高達百分之九十九點幾，哪裏有差？」

成果確實很好，但評鑑委員接著說：「我不是說這個。我在臺灣評鑑那麼久，從沒有看過一家醫院檢驗科急做比例高達百分之六、七十！」

不論對就管理面還是執行面而言，按部就班大批量操作，是相對穩定的做法；加做案件多，變數容易增加，往往是不得已才為之，然而只要設備、流程、團隊素質建構得好，效率與品質仍可兼得。

委員提出的質疑，對他來說是交流理念的機會，他不卑不亢地說明：「對不起，這是我的錯！我給藥之前，一定要看檢驗報告，這裏的病人交通不方便，我不想讓遠來的病人多跑幾趟，所以讓他們早上來抽血、吃東西，我們檢驗科急做，等醫師看完報告後，就可以高高興興領藥回去，跑一趟就好。」

大林慈院的做法確實不同於其他醫院，但為了病人，他與同仁甘願承擔。

無前例不代表不行

在美國，病人的健康和疾病預防，由固定的家庭醫師來負責，醫病關係長，對病人的狀況也能清楚掌握，但在臺灣，家庭醫學制度尚未成功建構，醫療行為較片段，專科醫師只管求診患者對症下藥，全人醫療的概念較不足。

有鑑於此，他在花蓮慈院開始推動「冠心病共同照護模式」，病人開刀或住院治療後，院方會提供病人一套飲食、運動和用藥指導；另一方面也加強與衛生所、開業醫師的互動，有助於追蹤病人的病情，落實持續性的醫療照顧。

要幫病人省事，就得要自己多事，林俊龍的許多想法，對一家體制好不容易穩定的醫院來說，「真的很奇怪」。

這天，一位主管受不了林俊龍再三改變制度，氣沖沖地來到副院長辦公室，兩方各執己見，氣氛一度緊繃。事情的源頭，起於某一天他接到來自急診室的電話。

「副院長，我們這裏已經大排長龍，待床的病人住不上去。」

「怎麼可能？醫院有六、七百床，明明還有不少空床。」

「不行！那些是醫療科預留給明天手術病人的床，絕對不能動。」

儘管急診部門已向各科提出支援，但醫療科擔心若釋出病床給急診患者，明天病人手術後恐怕面臨無床可住的窘境，因而都堅持不放。

由醫療科各別控管特定比例的病床數，是當時臺灣各大醫院普遍的模式，醫師為手術病人預留空床，也是合情合理。但林俊龍卻有了「反其道而行」的想法——為了讓需要的病人得到即時且合理的照護，必須由中央單位統一控床，才可以得到最大的周轉彈性。

「你們先把空床挪出來，我保證病人明天開完刀後有床可住。」

他提議，全院由醫事室統一控床，並依照優先順序給予床位：手術後保證有床、重症病人進得去加護病房、加護病房轉出的病人進得了普通病房。

但這個做法撼動了臨床與行政單位，簡直帶來翻天覆地的影響，「幾十年來都這麼做」、「別家醫院都這麼做」的模式，為什麼林俊龍要改？

「沒人這樣做，不代表不能這樣做！只要病人需要，醫院就想辦法去提供，把幸福、快樂留給病人，困難、壓力交由自己承擔。」

時間證明，這是一個能對群體帶來長久利益的改變，找到管理方法，就能化解困難阻礙，運作順利。

二〇二一年，重症率極高的新冠肺炎疫情在臺灣社區蔓延開來，由於疫情熱區與病床數分布不均，病人高度集中於特定區域，使得熱區醫療量能一度拉警報，後來在中央流行疫情指揮中心的統一調度下，將全臺專責病房與病人數做適當的調配，加上各界資源的集結到位，總算度過了最嚴峻的時期。

打破常規的思想和行動，他只是走得比較前面。

採訪筆記

日久見人心

若問林俊龍，是否曾覺得回臺灣有所犧牲？他的回答非常明確——能為臺灣、為佛教、為醫療貢獻所學，一生難得，他竭盡心力付出自己，一路走來真心無悔，「只怕自己做得不夠好，但從來沒有過一絲懷疑或後悔。」

那麼挫折與困難呢？答案也非常肯定：有，而且很多。

儘管出生於臺灣，服完兵役才去美國，但在經過二十五年後，他已然習慣美國人直率、明確、就事論事的行事風格，確實需要重新適應重視人情世故且語意婉轉模糊的亞洲文化。

「有時挫折給我的，遠超過我能期待的。」

唯一閃過是否離開的念頭時，是因認為自己幫不上忙。「但為了病人，我甘願、我堅持，我去克服困難！」

洪琇美常說，他固執得像頭牛，決定的事情，誰也撼動不了。曾接受他領導的慈院同仁，也都十分了解他的固執與堅持，卻絕對不會將剛愎自用這類的形容詞，與他產生連結。

「我相信『路遙知馬力，日久見人心』。我不是自負，如果知道自己錯了，我一定會承認並且修改；但如果方向沒錯，我硬著頭皮也要做，哪怕被打得滿頭包，哪怕人家批評、人家罵，我也不去辯駁，我覺得那些都是多餘的。只要方向是對，就堅持去做，久而久之，大家就會了解。」

說出這一段話時的他，已是七十八歲的白髮老人，笑起來時的眼尾線條相比於年輕時顯帶疲憊，卻也更加柔和，但只要聊起對醫療的理想，他的眼神總會放光，那分活力和年輕時沒有兩樣，還更顯矍鑠。

竹杖芒鞋輕勝馬 誰怕

卷　二

庄腳需要大病院

一九九六年十月十三日，林俊龍返臺一年兩個月餘，成立三十年的慈濟迎來了另一件大事——位在嘉義縣的大林慈濟醫院動土了。

這是慈濟在臺灣西部的第一家醫院，雲嘉鄉親、慈濟會員與委員盛情期待，多達兩萬人同時集結在一起，有人搓湯圓、有人捐竹筒、有人整理環境，一直以來寧靜的田中央，頓時熱鬧非凡。

這片剛整平的土地，面積超過十八公頃，周邊卻一點建設也沒有，眼前除了稻田，就只有一望無際的甘蔗園，讓人難以想像這片廣漠的土地上，將會出現一座大醫院，而這是慈濟與當地人所共同成就的大願景。

跟隨證嚴法師前來參加動土儀式的林俊龍，親眼見到鄉親出錢出力、萬眾一心的熱情，感動之餘，亦能體解師父肩頭的擔子沈重。

此時，不僅募得的建院基金距離六十億目標還很遙遠，軟硬體的規畫更需要專業人才的投入，因此除了固守好花蓮慈濟的醫療崗位之外，他也全心全力盡弟子的本分，幫助雲嘉奠立這座「守護生命的磐石」。

每個月，法師會繞過半個臺灣，親自參與建築委員和工地會議，林俊龍主動隨行，關心進度之餘，也積極貢獻他在美國的臨床作業和醫院管理經驗，不知不覺間，大家都習慣與他切磋意見。

落寞小鎮洗盡鉛華

大林鎮在哪？在證嚴法師向慈濟人宣布建院決定之前，很多人不曉得，也不曾聽聞。然而在二十世紀上半葉，這座位在嘉義縣北端的小鎮，曾經有過人潮川流、燈紅酒綠的繁華景象。

廣袤的沃土孕育出甜蜜茂盛的甘蔗，一九一三年，一口巨大的煙囪在大林一望無際的農地間拔地而起，由日本人發起興建的大型新式製糖廠，為這片原野田疇聚來了數以千計的工人，在往後的數十年間，成為帶動臺灣經濟命脈的重要產業。酒樓、影院、各種娛樂休閒和民生消費店家，沿著火車站而林立，街道熙來攘往，然而她的黃金年代卻只持續了半個多世紀。

隨著臺灣產業重心轉移，臺糖縮減工廠規模，繁榮的街景隨著工人的離開而消寂，洗盡鉛華的大林鎮，重新回到最初的樸實無華容貌。

在臺灣人口持續增加時期，大林鎮從一九七〇年代起，人口就持續負成長，而放眼整個嘉南平原，這是一種普遍現象。雲嘉地區地廣人稀，開發遲緩，伴隨經濟結構改變，青壯年人口不斷外移，後來，嘉義縣成為全臺老年人口比例最高的地區、家庭可支配所得最低的縣市。

一九八〇至一九九〇年間，在衛生署的全省各項衛生統計指標中，包括每萬人口病床數、執業醫事人員數、每萬人口醫師、護理人員數，嘉義縣全數敬陪末座。其中，嘉義縣北部地區醫療資源，更是貧乏中的貧乏。

民眾生了病，自然是能忍就忍，或購買來路不明的成藥，或打探偏方，或求神問卜來應急。遇到重大傷病須送至大醫院救治時，就必須往南、北都會區舟車奔波，卻往往病情延誤、交通意外事故頻傳，造成不少憾事。

異想天開造福鄉親

慈濟來到大林的因緣，同樣起於證嚴法師不忍眾生受苦的悲心。

一九八六年，花蓮慈濟歷經千辛萬難才建設完成，華路藍縷中，總算逐漸站穩腳步，照顧了東部民眾的醫療需求，甚至有屏東和其他縣市的重症患者也前往求助；臺灣醫療資源城鄉差異大，延誤就醫而遺憾終身的事件，層出不窮。就在慈濟醫院啟業後，法師進一步宣布籌設醫學院，為社會培養充滿愛心、關懷人間疾苦的好醫師，更醞釀起「慈濟醫療網」的構想，配合慈善志業照顧偏遠地區的病患，「哪裏的眾生需要，就去哪裏」。

這時，大林土生土長的少婦林淑靖，正一心一意為了捐地給慈濟建分會而奮鬥，在與證嚴法師的慈濟醫療網理念相牽後，意外成為促成大林慈濟醫院土地因緣的一股庶民力量。

花蓮慈院啟業不久，夫婿鄒明晃到臺北做生意，受大姊之邀加入慈濟成為會員。當時，世居大林鄉下的他們，不識證嚴法師，更沒聽過慈濟，秉著做好事的心，從此按月布施善款，踏上喜捨之路。

一天夜裏，林淑靖夢見了一位慈悲莊嚴的法師，夢醒後，她對那位師父久久未能忘懷。三天後，家中收到了一本慈濟月刊，林淑靖一眼就認出照片裏的證嚴法師，就是自己朝思暮想的夢中師父！

透過月刊，她對慈濟的好奇愈來愈強烈，搭上「慈濟列車」前往花蓮，在聆聽法師的隨緣開示後，心中暗自驚歎：「若是雲嘉能有個分會，更多人聆聽師父開示，不知該有多好！」回家後，她便滿腔熱血與先生商量：「阿晃，我們來乞丐許大願，捐地給師父蓋分會好不好？」

「怎麼可能！我們還有倉庫貸款跟好幾個死會要繳，怎麼還有能力買地捐地！」看見妻子單純又認真的表情，鄒明晃著著實實嚇了一大跳。

「國小課本不是有『愚公移山』的故事嗎？我們都還年輕，也許真的就讓我們拚起來了，如果我們這輩子無法實現，還有下一代可以接續打拚。」

見妻子滿懷信心，宿具善心的鄒明晃也決定護持，這一年，他二十七歲，林淑靖年僅二十二歲。

不知為何，以往對債務周轉的煩惱，竟在發了願後消失無蹤，甚至生意愈發順暢，短短兩年便償清負債。無債一身輕的林淑靖，立刻拿房子抵押申辦貸款，買下三分地，又跟公公鄒清山商量，將緊鄰的四分祖地，合計約七分地一併捐給慈濟，造福更廣大的鄉親。

乍聞兒子與媳婦如此「異想天開」，鄒清山震驚得無法回應。

貧窮艱苦的年代，鄒清山夫婦靠著農務與撿拾回收養大了孩子，沒想到現在孩子為了護持慈濟，竟連祖先要傳給他們的根都捨了！

「阿爸，您不用留什麼給我們，錢再賺就有了，土地將來可以再買，如果將這四分多地一起捐出來，蓋更大的分會接引更多人來，就是您留給後代子子孫孫最好的禮物！」

留財不如留德，兒媳如此一番智慧話語，鄒清山雖不捨，卻也十分贊同。人言「好田地不如好子弟」，鄒清山夫婦奉茶數十年，付出的都是涓滴小善，而這一次布施，卻能庇蔭世世代代廣大群眾，自己有何理由不答應呢？

後來，表明捐地心願的林淑靖，得到法師的回應：「不只要蓋分會，我還要建醫療網。」法師請嘉義慈濟人努力尋找更大的地，造福廣大鄉親。

地方人士懇切付託

一九九〇年起，嘉義縣議會邱天照議長、大林鎮簡宏謨鎮長，和多位關心地方發展的人士頻頻奔赴花蓮與法師會談，請求慈濟在嘉義建院。

當時全臺二十三個縣市中，苗栗、雲林、嘉義、臺南、屏東，被衛生署（現衛生福利部）列為醫療資源缺乏區，但政府的財政資源有限，公共建設無法滿足每一個地區的需求。

當其他醫療體系亦無餘力關注弱勢偏鄉需求時，慈濟是他們最大的寄託，相信慈濟人的號召力可以化不可能為可能。

只是建設醫院茲事體大，需要眾緣和合來成就，否則即使硬體建設完成，日後的營運仍是困難，法師審慎評估著。

「師父，您知道嗎？嘉義縣的人很可憐，重病必須送往臺北，有些人急著要去探望生病的家人，生病的人還沒有往生，去看病的人卻先走了。」這天，邱天照娓娓述說當地人在醫療資源不足下的真實處境，法師專注聆聽。

「為什麼呢？從嘉義到臺北必須經由高速公路，常有人在高速公路上發生意外。」這句話深深觸動法師的悲心，在嘉義建院的決心，從此堅定。

衛生署長張博雅也在拜訪法師時指出，嘉南地區醫療資源貧瘠，懇請法師繼花蓮慈院之後，再集大眾力量，搶救南部民眾的生命。

十八甲土地難尋覓

得到法師的承諾後，嘉義縣政府、議長、大林鎮長、農會總幹事與各級地方人士代表組成了「建院促進委員會」，希望能尋找適當的土地，加速慈濟在大林建院進度。

當時整個大林鎮，大面積的土地多隸屬臺糖公司所有，而雲嘉鄉親普遍堅持「有土斯有財」，私有土地代代相傳，不願出售，覓地過程並不輕鬆。

委員會找到幾塊三至四甲的學校、公園預定地，滿心歡喜地向法師報告，沒想到法師卻說：土地面積至少需要十八甲到二十甲。

法師的考量是深遠的。

大林位處偏鄉，周邊生活機能不佳，火車站甚至沒有對號列車停靠，地緣環境本就弱勢，欲讓醫護人才在此安身立命，就要接引家眷一同安居，才能使醫師們沒有後顧之憂地付出，因此醫護宿舍、休閒活動場地、托育中心等設施，必不可少。

在了解法師的期待後，委員會只好將目標轉向最大地主——臺糖土地。在緊臨鄒家捐贈的農地旁，有一片平整的臺糖甘蔗田，加上零星的水利會土地，合計接近十九公頃。

但臺糖土地的買賣、租賃，有極為嚴格的法律規定，阻力強大。為了推動修法與都市計畫用地變更申請，慈濟基金會副總執行長林碧玉等人、建院促進委員會，與各部會召開不下三百次的協調會議，公文往返無數。

當時，既沒有視訊也沒有高鐵，各路人員不厭其煩往返於北、南、東等地，披星戴月，風塵僕僕。

大林鄉親日復一日地期待著醫院動工，但自一九九二年十月，衛生署核准設立大林慈院後，甘蔗田始終維持一片綠油油的樣貌，長成了，採收，又長成了，再次採收，前前後後歷經三次收成，起初歡天喜地的心，逐漸生出各種懷疑。

只聞聲響不見動工

「阿靖，恁慈濟到底什麼時候才要蓋醫院？三年過去了，厝邊頭尾大家都在問，每一年都說今年就要蓋了，到現在什麼都沒有！」等待醫療資源之路如此冗長，當地人始料未及，一些人的信念開始動搖，為數不多的嘉義慈濟人，承受到許多質疑和壓力。

曾有一個月，林淑靖連菜市場也不敢上，但想到自己發的願，想到法師對雲嘉的疼愛，她只能說服自己勇敢面對。

「人在做天在看，就像耕田插秧，時間到了，稻子就會結穗。」家人一念單純的支持和法師對鄉親的承諾，讓一度萌生退意的林淑靖，得到堅持下去的勇氣。

在各界鍥而不捨的努力下，一九九五年，土地終於露出曙光，行政院拍板通過臺糖土地可租給私人法人作為醫院、學校之用的通案。慈濟成為先行者，披荊斬棘固然艱辛，卻也因此促成後續許多醫療、教育單位的順利設立。

十月十四日，慈濟基金會與臺糖簽署租地契約，慈濟醫療網的理想往前推進了一大步。

當時，大力促成此事的嘉義縣議長邱天照，在十多年後回首來時路時曾經說道：「臺南與雲林都希望慈濟在當地建院，所提出的條件也比大林鎮好得多，至少土地的取得就沒那麼多問題。」

然而法師一言為重，不曾因困難與質疑而放棄建院的承諾，加上無數大小人物的勇於承擔，成就臺灣醫療歷史中珍貴的一頁，邱天照說道：「這實在是大林人的福報！」

一包水泥一分愛

慈濟與臺糖簽訂租約的土地面積約十八公頃，光是要將甘蔗完全移除，整地工程就十分浩大。但擅長農事的鄉親們純樸又熱情，得知慈濟準備整地動土，紛紛將自家的鐮刀、鋤頭等工具磨利，作伙到大林砍甘蔗，一人出一分力，發揮螞蟻雄兵的力量。

隨後，大家又在苗圃區種上各種小樹苗，預備來日院舍興建完工，移植綠化為林蔭園區。

鋤禾日當午，汗滴禾下土。對比於偌大的土地，人們看起來單薄而渺小，但這已是鄉親們熟悉的生活景象，他們只管用愛心和信念專心地投入，殷勤耕耘這片福田，等待成熟的時節到來，就能萌發且茁壯。

歷時多年等待，就在動土前兩個月，大林鎮民謝先生遭推土機壓斷右大腿，緊急被送往當地診所救治。由於傷勢嚴重，當地醫療無法因應，幾經波折後，輾轉經由高速公路送至北部的大醫院治療。

受傷後直到抵達大醫院，歷時七個半小時，錯失了黃金治療時間，儘管接受兩次手術、在加護病房觀察了一個星期，傷口附近的肌肉、神經、血管仍不斷壞死，甚至引發敗血症。

最終，謝先生沒能逃過截肢命運，接受第三次手術，切除傷肢。

謝家就住在大林慈濟醫院預定地附近，事故現場距離此處不到二十分鐘，然而他參與奔走的慈院還沒建設完成，自己卻成為醫療資源不足的受害者，而他這樣的遺憾事故，只是冰山一角。

他說，在當地就有兩、三百人和他一樣，每個月往返北部大醫院看診，對病人與家屬造成的體力、精神與金錢負擔，實在是鄉下人難以承受之重。

身為建院促進委員會的一員，他從倡議興院以來一路參與奔走，多年來，終於盼得因緣和合，準備動土，「如果大林慈濟醫院早一點蓋好，我的右腿可能就不用截肢了。」

站在即將動土的大林慈濟醫院預定地前，他感慨地說：「雲嘉地區的確需要一所具規模的醫院。」歷經切身之痛，他但願隨著慈濟醫院啟業後，這樣的憾事不要再發生在其他鄉親的身上了。

重視承諾巡頭看尾

林淑靖原以為動土典禮後，一切辛苦就能畫下圓滿的結局，但看到大量工人進駐，各地會眾湧入參觀，她又開始忙了起來。

南部人靦腆卻也好客，外人都不遠千里來這裏投入了，主人更不能失禮。動土這天，除了鄰近地區的慈濟委員外，她邀約大林鎮的婆婆媽媽和親戚朋友們，一口氣準備了兩萬個便當和四十斗湯圓，接待貴賓、民眾和工人，是全鎮總動員。慈濟醫院的進駐，帶動起鄉親做志工的活絡氣氛。

「我們的醫院要蓋了，你要時常來走走看看。」有一次，法師行腳大林，輕輕囑咐林淑靖的公公鄒清山。

老人家重視承諾，自此日日到醫院預定報到，「巡頭看尾」，務農一輩子的他嫻熟這些工事，每天開著水車幫忙灌溉地上作物，不必讓外地志工天天勞師動眾而來。

昔日捐出祖產的他們，搖身一變成為鄰居口中的「最大地主」，守護著十八公頃的園區。

年輕時，雖然家中經濟條件不好，但他和老伴許書滿一直維持著奉茶的習慣，與人廣結善緣。醫院動土後，他們自願擔起熬煮茶水的責任，在工寮旁搭建兩座大灶臺，把這裏當成第二個家。

炎熱盛夏，他們煮青草茶為工人消暑退火，寒流來時，他們就燒薑母茶讓人保暖祛寒；當家裏的金桔盛產時，他們就熬製成濃縮醬，適時變換風味。

家裏種了滿園子青草，七層塔、車前草、山葡萄、腰子草、一支香等，友善栽培，不施農藥，長成後採收、晒乾，做為青草茶的材料。

喝茶的人多，但植物長成需要時間，自家種的不敷使用，每隔一段時間，他就去買回一貨車的藥草，因應節氣變化加入不同配方。

每天清晨三、四點，當花蓮的靜思精舍打板做早課時，老夫婦也已來到工地茶寮，大火柴燒，古法熬茶幾個鐘頭，再將一桶桶沁入心脾的青草茶運到工地各處，供人無限量飲用。

他親眼看著醫院從下挖地基到向上建設，從塵土彌漫到綠意盎然，比任何員工都資深忠實；雖然沒有正式職稱，卻是人人都認識的「青草伯」。

從動土熬煮到啟業，從啟業熬煮到醫院二十多周年，只要沒有生病，年年三百六十五天，未曾一日休息。

那雙手，在嚴冬凜冽冰水中清洗青草藥材，粗糙乾裂的手掌角質，沈著著天然的黑褐色素，是早已洗不掉的痕跡。

茶寮人跡罕至，兩老各自忙碌，鮮少對話，除了嗶嗶啵啵的乾柴烈火，只有屋外的蟋蟀嘶鳴，和身旁收音機廣播聲作伴。

為了燒柴煮茶，他們鮮少離開嘉義，也不允許自己生病和休息。醫院啟業後的某天凌晨，兒子與媳婦的工廠電線走火，引燃了廠房內的大量易燃物，火勢一發不可收拾，整個大林鎮都看見了濃密黑煙。

鄒清山眉頭緊蹙，雙眼滿布血絲，看著惡火吞噬工廠，直到消防隊將火焰大致撲滅，他才恍然回過神來說：「我來去煮茶了。」

轉身騎上摩托車，便往茶寮前進。

工廠是自家功課，奉茶是眾人的志業，鄒清山認為，欠人家的，可以等到有了再還，但允諾人的事，不能失信。

清芬茶氣蘊藏著人與人之間真誠情感，融合起慈濟委員與工人之間，質樸、體貼而獨特的人情互動，這是臺灣農村社會的善與美，也讓工地顯得格外有氣質。

朵朵心蓮籌建醫院

「賣心蓮，賣心蓮，賣心蓮讓師公蓋醫院……」林淑靖三歲不到的么兒隆隆，用一口奶萌的娃娃音，向前來參訪的大眾義賣心蓮，籌募大林建院基金。儘管還沒有地上建築物可參觀，但各地志工仍然不斷邀約會眾來參訪，共同見證他們愛心集結的歷程。

「即使只是一粒沙，也要盡沙子的一分力量。」

在沒有產業進駐的大林鎮，婆婆媽媽們沒辦法賺大錢捐助慈濟建院，就加入摺心蓮義賣的行列，有力的出力，有錢的出錢。

一朵心蓮一百五十元，就可以買一包水泥，他們摺愈多、賣愈多，就能促成愈多間病房的建設。

此時還經常往返於臺灣、美國兩地的洪琇美，未曾想過將來有一天，會和林俊龍一同前往大林服務。

當時，全球慈濟人以「一包水泥一分愛，一噸鋼筋一世情」為口號，籌募大林慈濟建院基金，海外慈濟人也積極響應。

美國慈濟人舉辦大大小小的愛心茶會、音樂會，甚至走進監獄分享愛。其中一次，臺灣知名歌手江蕙應邀前往洛杉磯慈善義唱，成為美國慈濟人募款金額最多的一場活動。

聚沙可成塔，這些捐款的人可能一輩子都不會到大林看病，卻以真誠的愛心為臺灣獻上祝福，凝聚無形的愛心點滴，成就有形的救命醫院。嘉義慈濟人雖少，卻得到來自全世界的實質助力，無所求的愛與祝福。

回想這一切不可思議的因緣，洪琇美由衷感受到，大林慈濟醫院是一家最有福的醫院。

在田中央「起家」

「承霖！趕快看一下，怎麼沒有熱水了？」

正準備沖掉一身肥皂泡沫的洪琇美，從浴室裏發出一陣哀號。

人在外頭洗衣服的李承霖立刻停下手邊的動作，向待在房間裏的林俊龍搬救兵：「院長，林媽媽洗澡洗到沒熱水了，我們要趕快燒熱水給她。」

沖了一身涼水的洪琇美禁不住打了哆嗦，只能用毛巾把身上的肥皂水擦一擦。

嘉義位在嘉南平原中心地帶，儘管白天不乏陽光照耀，但因平地地勢遼闊，少了丘陵起伏和水泥叢林的屏障，入夜後的輻射冷卻效應特別強，冬季清晨名列全臺最低溫的次數，與北部的淡水不相上下。

兩個男人在外頭一陣忙活，用瓦斯爐燒開熱水後，讓林俊龍端進浴室給洪琇美使用。本想洗去一身沙塵與汗水的洪琇美，這澡洗得有點狼狽，但事後多年回想那時的景象，還是忍不住被自己給逗笑了。

一九九九年下半年，大林慈院的主體建築工程進度大致底定，緊接而來的，是複雜的儀器設備整備事項，花蓮慈濟醫院總務室主任王錦珠帶著幾位同仁進駐工地，承擔各項採購與驗收作業。

醫療設備的介面工程，涉及臨床管理的專業規畫，林俊龍飛往嘉義的次數愈來愈頻繁，洪琇美也總以輕裝隨行。當林俊龍帶著大家往前衝時，她則在旁幫忙瞻前顧後，打理細節。

這時的醫院仍然只是一座ＳＲＣ（鋼骨鋼筋混凝土）建築粗胚，別說是裝修油漆了，連水電管線都還沒拉，而同樣在趕工中的醫護宿舍，也是根本不可能住人。

在慈濟到大林鎮建院之前，它已經沒落了數十年，昔日的酒家都已人去樓空，只剩火車站前的幾家半掩著鐵門的老旅社，閃爍著年久失修的昏暗燈光，曖昧地透露著曾經鶯鶯燕燕的痕跡。

沒有合適的住宿地點，一群遠從花蓮西來洽公的同仁，白天就借工務所的組合屋一角為辦公空間，夜晚則暫時住進林淑靖的家。

隨著籌備作業進入後期衝刺，進駐的籌備同仁逐漸增加，林淑靖主動將自家的另一棟透天厝整理出來，讓大家可以不必為了安排住宿而奔波。

這房舍有個響亮的名字：「大發行」，是林淑靖與夫婿早年經營人造皮革、布料生意的起家店面，一樓作為辦公空間，二樓則是倉庫。

隨著他們的事業經營狀況漸有起色，倉庫地址遷移他處，位於鎮中心邊緣的大發行，便有了接納客人的餘裕。

為了迎接這群新客入住，林淑靖將二樓以木板隔出好幾間房，每個房裏都布置了簡單的通鋪和衣櫥，以便讓人員能彈性入住。

當地人住家普遍沒有安裝冷氣，暫時寄居的同仁們，也不打算讓熱心的林淑靖額外破費，帶著簡單的行李就安住了下來。

討價還價領命進駐

李承霖是第一批進駐大林慈濟醫院工地的行政人員之一。出生花蓮的他，從未想過要到嘉義工作，何況是荒野一般的無名小鎮。

一九九九年，他第一次隨著主管來到這裏，映入眼簾的場景，竟單調到令人印象深刻。

出出入入的工程車揚起的漫天黃沙，包圍著施工中的建築物，後工業時代般的泥灰色，沒有半點紅花綠葉點綴其間；環顧整個園區周邊，連一家小店鋪也沒有，視野的盡頭除了甘蔗田，還是只有甘蔗田。

「這個地方鳥不生蛋，我絕對不會想來這裏上班。」

他心裏的聲音清晰而篤定。還好，他只是代表花蓮慈濟醫院來支援採購案件的人員之一。

當時的數位環境並不如今日發達，每回到西部之前，他們會把所有要洽談的大小案件整理妥當，星期一下班後，搭乘晚間的遠東航空班機飛往臺北，在慈濟臺北分會住宿一晚後，隔天一早接著搭機到嘉義水上機場，由在地監工的高健利開車來接送。

幾個月的南征北討之後，王錦珠主任下了一道指令：「你不要回花蓮了，你以後要留在這裏！」

「不行！我要回去，我不要留在這裏！」

李承霖沒有一秒鐘、一瞬間的遲疑，立刻向主管回嘴。但在幾回的討價還價之後，他還是領命了。

這是不得不的選擇，一家大型綜合醫院的科室何其多，採購工程極為繁瑣複雜，隨著物資的交期接近，必須有嫻熟相關流程作業的人員留守當地，串起相關環節。

他內心也清楚，法師殷盼醫院工程能儘快完成，早日發揮守護雲嘉生命的良能，於是，他和幾位年輕同仁，就這樣被留在工地裏。

北迴歸線通過的嘉義縣，位在亞熱帶與熱帶的交界處，時序進入三、四月，東北季風遠颺，嘉義的太陽就開始毒辣了起來。高溫溼熱的環境，常讓他們在一天的工作後，像從泳池裏走出來。

每天早上七點多出門上班，午夜收工則是常態，有時海運的貨櫃在夜間清關，為了省下儲放保稅倉庫的高額成本，幾位同仁凌晨三、四點也得出來接貨。

大發行是深長的透天格局，雖有前後開窗，但中間的房間空氣對流不佳，晚上下班後，住宿的同仁便把電風扇拉到走廊，以接力的方式把蓄積了一整個下午的熱空氣，徐徐地往外吹送。

男孩們睡的通鋪房，夜晚時分格外熱鬧，不但有打擊樂團般的鼾聲此起彼落，翻身時，木板的隙縫彼此摩擦，還會發出嘎嘎聲響。

彷如八〇年代南陽街重考生的寒窗苦讀環境，一群人以使命感和革命情感，奠立起這家醫院的基礎。而這些年輕同仁並不是落單的，因為過不了多久，林俊龍和洪琇美也開始坐鎮於此，和他們過著一樣的生活。他倆就分別被同仁暱稱為「阿龍爸」、「林媽媽」。

筍包豆漿沒有選擇

農業社會的生活型態極其單純，但對非農村出身的年輕人來說，可以說是無聊透頂。

儘管工作忙得沒時間外出蹓躂，但能偶爾上街吃個晚餐，就是難得的放風時間。要是埋頭忙得忘了時間，晚上八點過後，鎮中心就幾乎找不到營業中的店家。

同仁的辛苦，林俊龍和洪琇美都看在眼裏，習慣早起的他們，每天早晨散步到附近唯一營業的早餐店——素食筍包攤，也不忘幫所有寄宿大發行的同仁買一份。

第一天：筍包配豆漿。

第二天：筍包配豆漿。

第三天……

幾位年輕同仁一開始滿心歡喜，但一成不變的早餐吃不了多久就膩了，推著李承霖向洪琇美商量。

「林媽媽，我們都好感恩您每天幫我們買早餐，但真的不必麻煩了，以後不用再幫我們買。」其實，他有一句沒說出口的真心話：「我們不想再吃素包子了。」

「不行，你們每天都七點多就出門，工作又這麼忙，哪有時間張羅？不吃早餐怎麼會有體力？」

洪琇美堅持得很，甚至怕他們不吃早餐，要親眼看著他們吃了才肯離開。

幾個男孩只能摸摸鼻子，乖乖吃著包子配豆漿。

其實夫婦倆不是不願意改變口味，只是當時，附近連一家賣燒餅、蛋餅或吐司的早餐店都找不到。

幾位第一批進駐的啟業籌備人員，不論工作量與工作壓力著實非同一般，有時忙中有小疏失，或是時程掌控未如預期時，免不了遭到主管責難。

「今天下班後時間空出來，院長要請大家吃飯！」某天辛苦工作中，聽到洪琇美突然宣布的消息，同仁們開心得不得了，工作特別來勁。

下班後，同仁們跟在林俊龍後頭，腳步難得輕鬆地朝著火車站的方向走，但鎮上只剩一家海產店營業中，看見水缸裏有魚、有蝦、有螃蟹，年輕人心中忍不住暗自呼喊：「太好了，終於能吃一頓好料！」

洪琇美出手也大方，幫大家點了好幾道菜，一一熱炒上桌。

第一道：炒時蔬

第二道：炒時蔬

第三道……

接著上來幾人份大炒麵，裏頭不見魚蝦肉絲，只有青菜蘿蔔和香菇陪襯。看見大家清空了盤中飧，洪琇美深怕大家吃不飽，又向老闆娘吩咐加點。

「林媽媽，夠了，真的吃飽了！」

現在他們總算明白，原來兩位大人是素食主義者，他們只能望著魚缸裏那些優游的水產，摸摸鼻子一起吃素。

溫柔守護這一個家

在林俊龍的催促下，營建處趕工完成醫院後方的動力中心建築空間，讓籌備同仁可以搬進去辦公與開會，不必再寄人籬下。

空蕩蕩的建築物，除了四面牆壁，什麼都沒有，甚至窗戶的玻璃也還未安裝。

漫天沙塵經過一夜沈澱，好不容易才止靜下來，每天早晨進入辦公室，都要確確實時清潔桌椅環境，否則就得灰頭土臉過一天了。

為了克服嚴重的西晒問題，大家找來幾塊布遮蔽窗口，就這樣，克難地建構起籌備辦公室，而空調就別說了，肯定是還沒有供應。

向晚時分，在東部只能看見從中央山脈方向映射過來的晚霞，西部的夕陽則火紅壯麗，直到沒入地平線之前，都猶如近在咫尺。

那紅霞絢爛得引人惆悵，有時工作累了、被主管責備了，同仁會趴在欄杆上看夕陽，背影散發著幾許落寞。

離鄉背井來到克難的環境，還要背負龐大的工作壓力，洪琇美雖然心疼，卻也不講大道理。

「怎麼啦？工作不順利嗎？有什麼煩惱呀？」

她只是湊到他們身旁，輕輕地問候。如果孩子們願意說，她就傾聽；如果他們說不出口，她就只是溫柔地陪著。

「晚餐吃了沒？我請師兄師姊幫忙準備好嗎？」就像每一個人的媽媽一樣，她只怕你餓著了。

有一回，她注意到一位男同仁的汗衫袖口突出於襯衫外，便默默去進行採買，一人分送好幾件。「我知道你們幾個都很忙，有時候沒時間洗衣服，這些給你們替換。」

這一種體貼入微的暖意，讓同仁在那些辛苦的日子中，感受到幾許發自心底的甘甜滋味。

「阿龍爸」與「林媽媽」對同仁的守護，不只是疼與愛，也不只是希望他們來日一帆風順的祝福，更是懂得換位思考的同理體貼，是對同仁發自內心感恩。

生活克難，情感卻是豐盈的。

從籌備時期開始，因為「阿龍爸」和「林媽媽」的存在，讓「這一家」醫院有了明確的定義——就是「一個家」。

遇見洗廁所的院長

二〇〇〇年早春，大林慈濟醫院展開大規模的人事招募作業，訊息登報公布之後，湧入了數千封應徵信函，其中多數來自於嘉義出身的子弟。

嘉義的大型機構並不多，薪資水平也低於都會區，在地優秀人才過去為了謀職而須南、北飄移，甚至在他鄉落地生根，而今慈院吸引在地人回流，林俊龍十分期待，相信再過幾年，這裏將成為大家安身立命的家。

社區志工們同樣引頸盼望著，從倡議建院到啟業，歷時十年光陰，紛紛號召鄰里親友來幫忙整理環境。

嘉義鄉親重視的小過年才剛過，面試開跑的日子卻天公不作美，寒流來襲氣溫陡降，鄒清山清晨四點多就開始燒柴熬煮薑母茶。

開放的大辦公室沒有隔間與裝潢，只張貼了幾張手繪海報，標示醫療、護理、醫技、總務行政應試區，現場人山人海，第一天就面試了四百多人。不光是人資和面試主管們忙得焦頭爛額，場外的志工們也忙得不可開交。近午時分，他們載來一鍋鍋熱騰騰的素米粉和當歸補湯，讓應試人員一碗接一碗，頻呼好吃。

院長和夫人齊打掃

人潮雜沓加上雨水泥濘，室內各處難免沾染髒汙。人潮稍微疏通時，林俊龍便抓緊空檔，起身巡視周邊環境。

由於工地四周都還圍著鐵籬，應試者必須循著列印在紙上的臨時指標，才能找到位在動力中心的臨時辦公室，雲嘉慈濟志工特地來幫忙，協助道路指引。其中一位志工，是三十多歲的徐新昆，住在毗鄰大林鎮的雲林縣大埤鄉，那裏是全臺灣最大的酸菜產地；相較於大林，它的商業氣息更淡薄，農村型態更傳統。

白天在木雕工廠上班的他，晚上兼做夜市生意，一有空檔便配合當地慈濟委員做志工，得知大林慈院徵司機員的訊息，他立刻投遞履歷，隨後不久，就接到了錄取通知。

同時身為志工與準職工，他經常前往籌備處幫忙，卻還從未見過即將上任的院長。

那是一個週末的中午，徐新昆打算在用餐前使用洗手間，看到一位西裝筆挺的「師兄」正在賣力洗廁所。

「師兄歹勢，請問化妝室可以用嗎？」當時雲林的慈誠隊人數不多，眼前這位男士面孔陌生，徐新昆心想，他大概是外地來支援的志工吧！

「啊！歹勢歹勢，我把廁所弄得那麼溼，你要小心一點。」這位師兄身材特別高大，洗廁所時得要彎腰低於九十度，但當他抬起頭時，臉上的笑容特別誠懇，還頻頻彎腰向他致意。

廁所被踩得滿是泥濘，確實很需要清潔，他也不好意思再踏進去，轉往樓上的廁所時，還忍不住心想：「如果要讓我一個人來洗這廁所，大概會頭很大！」但沒想到，來到樓上的洗手間，竟也有兩位身穿慈濟八正道制服的師姊在洗廁所，與雲林人的草根特性不太相同，她們身上散發著柔和的氣質，很是親切。

看他們打掃得這麼用心，徐新昆也不好意思使用了，只好往更遠的醫院工地找廁所。回到辦公室時，未來主管王錦珠叫住了他：「師兄，我來幫你們介紹一下，這位是我們大林慈院的林俊龍院長。」

「啊！你不是剛才在洗廁所的師兄嗎？」徐新昆嚇了一跳，看到一旁的院長夫人時，他又嚇了第二跳——是在三樓洗廁所的其中一位師姊！

與院長的初相見，不是在正式場合，而是在廁所，卻讓徐新昆很感動。

堂堂一個大醫院的院長，竟然讓同仁們坐在辦公室，自己在廁所裏又刷又洗，他十分震撼，「愈飽滿的稻穗垂得愈低，他們就是這樣的人。」他體會到這家醫院領導者的風格獨特與親和，更在這位院長的肩膀上，看到承擔。

看不見的事情，他們默默做，而且滿心歡喜，出發點很單純，因為他們在維護自己的家。只是這個家的範圍比一般人所理解的，大了百千萬倍。

也因為他們總是自己先帶頭做，而且甘之如飴，看見問題沒有抱怨指責，也不是一指神功要求別人做，自然而然地，同仁們也就一起跟著做了。

著急不如靜心打坐

時序進入夏天，向來早起的林俊龍，每天早晨五點多就會到院區各處走走看看，兼做晨間運動。

這天早晨，同仁們陸續上了工，要請示院長的事項堆積如山，但每回想找院長討論事情，座位上總是不見人影，電話也撥不通，開始有人覺得奇怪。

「林媽媽，今天院長去哪了？怎麼一直找不到人？」

洪琇美撥了好幾通手機號碼，聽到的回音卻是：「您的電話將轉接到語音信箱……」她也納悶，林俊龍究竟是跑去哪裏了？

他們不知道，這時的宿舍傳來了一陣小騷動。

前來上工的工人們，隱約聽到電梯裏傳來敲打聲，想方設法扳開電梯門後，竟見席地打坐的林俊龍，對他們露出感謝的笑容。

當時，除了臨時趕給籌備人員入住的樓層外，其他宿舍都還在施工，他清晨巡視另一棟宿舍工程時，電梯突然故障不動，無奈緊急呼叫鈴並未接通，手機也收不到任何訊號，他知道此時著急也無濟於事，乾脆撕下鏡子包膜往地上一鋪，靜心打坐。

不知不覺，時間過去兩、三個小時，而他不動如山，以不變應萬變。好不容易脫困時，已被悶出一身大汗，卻沒有發出一句抱怨，還笑著對大家道感恩。唯獨在見著洪琇美時叨念了句：「你老公不見了，還不知道要找！」

隨時彎腰撿拾落葉

許多大林慈院同仁心中，對林俊龍都留有一個鮮明的印象，高挺的他是一位會隨時彎下腰，整理枯枝落葉的院長。

當成串的蘭花開敗了幾蕊，他會伸手拾取那些凋零的花瓣；當滿枝的青綠出現了幾葉枯黃，他會隨手除去，讓院內的植栽總是生氣盎然。

這些多數同仁不會留神的細節，他能敏銳地看見，並且不著痕跡地去維護，彷彿這裏與他當年在美國的家園沒有兩樣。

在院區不同角落裏，同仁們總是不經意撞見他撿拾落葉、垃圾、菸蒂，和隨手關燈的身影。

他既是縮小自己的清潔工，讓周遭環境和他身上的白袍一樣光潔亮麗；也是最稱職園丁，用平凡卻殷勤的工事滋養同仁的心靈；更是大格局的領航員，引領著團隊凝聚堅強共識，一同乘風破浪。

這是一種截然不同於傳統臺灣醫界的領導者風格，有著西方人的平等開放，又有著東方人的和煦細膩，沈重的壓力下，他看起來從不苦情，反而用開朗的笑容化開同仁們的壓力和擔心。

從花蓮跟著他到大林慈院打拚的簡守信，和他一起克服過許多困難，在簡守信眼裏，林俊龍就是一位「無可救藥的樂觀主義者」。

這種無可救藥的樂觀，讓他可以不受傳統框架拘束，率領同仁融入志工行列，打掃、擦窗、搬桌椅、鋪設院區連鎖磚，將慈濟醫療志業帶領出一番新氣象。他常與同仁分享：「上人說，做就對了。這還不夠，我們還要——笑，就對了。」

法師經常以林俊龍和洪琇美為例，說明領眾之道：「同行人間菩薩道，要先縮小自己、身體力行，才能得人肯定、甘願跟隨做事；若是無法放下身段，就會產生心靈隔閡，難以教導、帶動人。」

挑蔥老夫婦想捐車

一對騎乘摩托車雙載而來的阿公、阿嬤，停在工地前探頭探腦，衣著樸實的他們，舉止有些突兀，吸引了林俊龍的注意。

「阿公，恁來這有什麼事情？」

面對林俊龍主動上前詢問，兩位老人家露出笑容，靦腆地說出來意。

自醫院動土以來，住在雲林大埤的他們，就已騎摩托車來過好幾回，見證大醫院從甘蔗園裏湧出，心裏很是感動。

他們感動的是，草地人的性命有人來看顧，身苦病痛的老人們，不必再遠途跋涉，就能得到好的醫療照護。

這段期間，他們心中萌生了一個願望，想要「捐車給慈濟醫院載病人去看醫師」。今日遇到林俊龍，他們也就直白地問：「不知道捐一部車需要多少錢？」

林俊龍將他們帶往總務室留下資料，幾天後，社服室志工黃明月和社區志工登門拜訪，一方面表達感恩之意，一方面了解他們的生活情況與捐車動機。實際走訪後才知道，阿公、阿嬤的生活並不富裕，但卻擁有全天下最富有的愛心，一分推己及人的同理心。

不捨鄉親就醫辛苦

「歹勢啦！破草厝，恁沒嫌棄。」老人家早早就站在門庭外等待志工，接引客人進入廳堂後，端出切好的水果請大家享用。

這棟古樸簡單的老厝裏，看不到邁入二十一世紀蛻變的痕跡，竹梁柱、土夯牆、斑駁的混凝土地面，和局部坍塌的屋簷黑瓦，靜靜地刻印著居民的耐勞與刻苦。

阿公名為謝杏源，阿嬤叫作謝林化，兩人年齡相加有一百六十歲，省吃儉用一輩子，卻一念心起，決定將「老本」捐出來。

「許多老人生病了，沒辦法自己去看醫師，唉！足苦憐喔！」謝杏源阿公悠悠說著捐醫療交通車的起心動念。

由於農村青壯年人普遍外移，老化嚴重，加上村庄四散，人口稀疏，缺乏公共交通運輸網絡，居民若需要醫療時，就得騎摩托車、腳踏車，到人口較稠集的聚落搭公車，鄉下許多婦女不會騎乘交通工具，就醫非常不方便。

儘管全民健保已經啟動許多年，但偏鄉居民仍無法得到同等便利的醫療照護。生病的老人無法自行外出時，就只能等待子女請假專程回來，有些人乾脆就忍著不說，尋求密醫或吃來路不明的黑藥丸。

「我的會仔（民間互助會）七月會透（結束），大概有四十萬，我和阿嬤參詳了後，想說用這錢買一輛車，捐給恁病院到鄉下載人去看醫師。」

「這會影響你們的生活嗎？子女、媳婦同意嗎？」黃明月關心詢問。

雖然子女不在身旁，但都支持父母做善事，尊重他們的決定。

「這是我『以後』要用的錢。」謝杏源怕志工聽不懂，再次強調「以後」二字。黃明月聽明白了，這是留待來日辦後事用的老本。

阿公、阿嬤想捐的是九人座廂型車，但聽到一部少說七、八十萬元時，開始面有難色：「這麼多啊？我們若都用掉了，以後生活就會有困難了！」

原來，夫妻倆年事已高，做不動粗重的農活，就在村裏幫人整理蔥仔，一支一支剝去老葉外膜再綑綁成束，一把三十五元，一天最多賺取兩、三百元的工錢，天冷時，他們在樹下一邊流著鼻涕一邊做事，很是知足。

「五、六年前，我們就聽過證嚴法師的錄音帶，講三十位家庭主婦每天存五毛錢救人的事情；一直最近才知道，原來花蓮有慈濟醫院。」

阿公年少時曾經吃苦，因此過去每年歲末年終，他們都會扛兩、三袋自己耕種收成的米去救濟貧民。但現在體力大不如前，耕不了那麼多田，僅留下一分多地自給自足，沒有多餘的米糧可以布施。

從法師開示得到啟發的他們不嫌錢小，挑蔥仔，賺零錢，一點一滴存到現在，粒米成籮。

「這些錢本來是要留著『做老本』，後來聽到慈濟要在大林蓋醫院，我們討論過後，還是覺得用來買交通車，給你們接送鄉下的病人比較好。」阿公說，子女都很孝順，會供應他們生活所需，「兒子回來說要在客廳地板鋪設磁磚，但我們寧願省下這些錢，捐給慈濟買車。」

半輛車變成兩部車

「阿公、阿嬤的心願，我們是不是邀同仁一起來完成？」二〇〇〇年七月，阿公、阿嬤的互助會到期，所需款項仍然不足，林俊龍向黃明月提議。

那時，工作同仁已進駐大林慈院，林俊龍每天早上會主持朝會，激勵大家的士氣。他帶頭捐出了第一筆，也希望有機會能拋磚引玉，帶動同仁之間善的效應。

「有一對挑蔥的阿公、阿嬤，為了買車給醫院載送病患，捐出四十萬元，連『老本』都拿出來了！阿公想買交通車，只要路上看人家開九人座的車，就上前去問車主：車子好不好開？一輛多少錢？哇！要七、八十萬啊？」

朝會時間，黃明月披露了這則消息，既草根又有愛，讓同仁感到備受祝福，心中湧現一股暖流。「我們要不要來幫這對年紀加起來一百六十歲的阿公、阿嬤圓滿心願呢？」聽完她的分享，同仁回以熱烈掌聲。

從那天開始，每天都有人陸續到社服室捐款，一百、兩百，五千、一萬，有個人捐款，也有單位合捐。

一位總務室的新進同仁，毫不考慮地捐出一萬元，黃明月擔心會不會對他造成太大負擔？他說：「人家可以吃粥，我何必一定要吃乾飯？」言下之意，只要生活節儉一點，布施捐款其實不難。他謙稱，洗腎室有位同仁發心捐出一個月薪水，他還是「小巫見大巫」呢！

另一位社服室同仁則說，慈濟志業這麼龐大，卻沒有一件事情是他參與過的，覺得很可惜；如今來到這家草創期的醫院，看到志工們協助院區打掃、鋪磚，有很多人想來慈濟「圓夢」，所以他也要把握機會「參」一腳，為善不落人後！

後來，社區志工聽說了這件事，也想要共襄盛舉，繼續摺心蓮義賣，延續「一包水泥一分愛，一噸鋼筋一世情」的溫情。

老人家真誠無私的善念，啟動了一波又一波愛的漣漪，原本，他們的捐款只夠買半輛車，後來，竟成就了兩部車！

大林慈濟醫院在啟業後，依約將交通車開進了大埤鄉的四個村落，照顧鄉村老人家的健康，圓滿阿公、阿嬤的心願。

採訪筆記

近悅遠來

偏鄉缺乏大眾運輸，大林慈院為了回應雲嘉鄉親需求，啟業後開出多條路線交通車，接送需要來院的治療患者。

林俊龍有一天接到主管機關電話，表示有其他醫院提出抗議，因居民把摩托車停在該院，卻搭乘交通車到二十公里外的大林慈院看診。

「別人可以，但你們不行，因為你是慈濟。」這個要求讓他傻了眼，卻也只好做出妥協，減少班次。

交通車在歷經多次路線調整後，改由民營客運業者營運，換另一個角度來說，也間接改善了鄰近區域的交通運輸網。病人捨近求遠就醫，也是追尋心中更理想的選擇。

誰搬走了磚頭

一九九九年九二一大地震後，慈濟承擔五十所學校的援建工程。證嚴法師不忍心土地被無法呼吸的水泥、柏油所覆蓋，校園內舉凡車道、停車場等平面空間，都以成本較高的連鎖磚取代，將透水、呼吸的能力還給大地；未來即使園區變更使用，移除的磚塊也能重覆再利用。

在大林慈濟醫院園區內，有兩萬兩千坪的空間，也同樣鋪設連鎖磚，相對於工程車來回就能鋪設的柏油路面，這需要大量的人工來進行。

這種吃苦流汗卻自掏腰包的工作，北、中、南、東的慈誠隊卻都組團來「搶著做」，林俊龍不讓志工專美於前，預留了大門前的車道，號召同仁在下班後一起來完成，體驗慈濟人愛心共聚的精神，成了醫界創舉。

七月盛夏，南臺灣酷熱難當，醫院周遭的空地上卻滿布著男女老少，排成長列接力傳遞連鎖磚，讓排頭的志工能迅速進行鋪設工作。

烈日高溫讓大家身上了衣服溼了又乾、乾了又溼，產生一片片的白色鹽結晶，有人皮膚晒到脫皮，臉上依舊洋溢著笑容，相互加油打氣，感恩來感恩去，彷彿燠熱的空氣在遇到歡喜心後，都能變得清涼。

每天一早，院區外都可見穿著藍色或灰色系衣服的志工，安靜地列隊等候「領」工作，平日人數就多達五、六百人，遇到假日更增加至近千人，住得近的騎車、開車，遠途的就雇用巴士攜家帶眷前來。

八十一歲的大林鎮民許忠信，騎了半小時的腳踏車前來參與。頂著豔陽和高溫，和一群慈誠隊趕著鋪連鎖磚，他得到的感想是：「沒錢的工作，大家搶著做，還做得這麼高興，真有趣！」

素來寂靜的小鄉村，最熱鬧的活動莫過於大廟做醮，慈濟鋪連鎖磚的盛況，也算是讓他們開了眼界。他說，來這裏最開心的是能和一千多人一起用餐，「就算沒有椅子、坐在地板上，也吃得津津有味啊！」

期間，啟德颱風外圍環流帶了豐沛的雨水，依然沒有擾亂大家趕工的決心，只不過身上即使穿著雨衣，也還是全身溼透。「分不出來是汗水、雨水，還是感動的淚水。」一位志工這樣對林俊龍說。

眾志成城的意志力，深深感動在場參與的人。

工人師傅感動捐款

醫院對面剛開業的早餐店老闆，看著志工們自掏腰包來到這鄉下地方，頂著烈日、冒著大雨都拚命，感動得主動送來飲料、點心，讓大家消暑。

蹲在宏偉建築底下，人們宛如接力不息的小螞蟻，涔涔汗水濡溼了臉頰、髮際，和胸背的衣裳，短短十天內，兩萬多坪黃土路面覆上密密實實的連鎖磚，數量高達七十二萬塊，速度驚人。

「我每天都有去看。啊！昨天鋪完？怎麼可能！」早餐店老闆滿臉疑問地直呼！他不知道的是，即使太陽下山，志工們也摸黑趕早勤搬磚塊，「偷偷」做完了！

除了有各地志工的踴躍承擔，慈濟基金會亦聘雇了專業師傅來指導施工，幾位同車南下的師傅，聽說慈濟工地只供應素食，不禁「面有菜色」，擔心工程結束不知要瘦幾圈回去。

完工當天，師傅們在臨時辦公室領取工資後打道回府，離開前還告訴同仁：「其他工地是八點上工，五點下工，這裏是六點上工，七點下工，雖然很累，但能參與慈濟蓋醫院的工程，我們覺得很有意義。」

送別了幾位師傅，林俊龍帶領團隊繼續召開籌備會議，約莫一小時後，師傅們卻又出現在臨時辦公室。

「怎麼了？是有什麼東西沒帶到，還是錢有算錯？」林俊龍詢問。

「沒有啦，我們想要捐錢！」

性情率直的工人師傅們說，在大林工地這幾天，不但每天有志工供應的美味三餐，上、下午還送點心，一天五餐是其他工地未曾有過的待遇，此外還有真材實料的青草茶源源不絕，「我們吃素不但沒變瘦，體重還增加！」

幾個人開車經過雲林斗南，愈想愈感動，在接近高速公路交流道前，他們決定折返，希望能為大林慈濟建院基金貢獻一分心力。

這分質樸而真誠的愛的回饋，總能適時激勵每天披星戴月辛苦工作的同仁，林俊龍感動地說：「連鎖磚是愛的連鎖，可以啟發人的愛心，共同來成就，不只是環保，更是愛。」

有力出力有米捐米

「我可不可以來做義工？種花種樹我都會。」六月下旬的某天近午，家住雲林西螺的七十六歲陳再昆，頂著烈日踩了兩個半小時的腳踏車，來到大林慈院。

就在前一個月，他參加村裏老人會的環島旅遊，同團的村民突然身體不適，送至花蓮慈濟醫院急診時，發現腦部輕微中風，立即接受手術。

「我看到『慈善院（慈濟醫院）』的護理師和義工非常親切，像我們這種不識字的，他們都為我們『辦便便』。像慈濟這款醫院的服務態度，我們就有信心！」

經過十天的住院治療，出院前，醫師告訴那位村民，往後做復健可就近到大林，他們才知道，原來慈濟在嘉義也有一家醫院。

「所以我親自來看，順便問看看有沒有事情可以讓我做，一個星期要我來做三天義工也沒關係！」

七月中上旬，陳再昆再度出現在大林慈院二樓臨時辦公室。志工組長黃明月問他：「阿公！你上回從西螺騎兩個半鐘頭的孔明車來，今天呢？」

陳再昆說：「我現在都花二十元坐公車來，很方便！」

其實，他已連續十幾天往返西螺、大林之間擔任志工；這天，他特地叫了兩百斤西螺米來與大家結緣。

西螺地區土質肥沃，且得益於濁水溪的灌溉，素以米質優良而聞名，在日治時期更是日本天皇指定的進貢米產地。白米送到廚房外後，陳再昆一個一個向香積志工交代：「這是純正的西螺米，品質很好，煮時可以少放一點水。」就是希望每一位辛苦付出的同仁、志工，都吃到美味、吃出歡喜。

後來，他嫌每天搭客運麻煩，索性跟志工一起住在醫院裏，被志工們暱稱為「班長」。

儘管幾乎人人都認識他，但要找他卻不容易。有時，他穿梭各處做資源回收；有時，他蹲在廁所刷洗馬桶；有時，他到鄒清山的茶寮幫忙分類回收木材，好煮茶給每天動輒上萬人次的參觀大德享用。

「現在年輕人都撿輕鬆的事來做，老人不用撿，我專門做那些沒人要做的工作。」雖然他經常汗流浹背，一天得要洗兩次衣服，卻笑得一臉清涼。

採訪筆記

愛的益生菌

大林慈院啟業前的籌備階段，慈濟花蓮本會宗教處同仁進駐支援，在當時的日誌中，留有這樣一段文字紀錄：

「整個醫院現在上上下下，到處充滿了一種感染力強、稱之為『愛』的益菌，接觸到它後，會有不幫助人很難過、特別喜歡彎腰、一見到人就笑、喜歡偷跑搶做事等症狀；但人人都甘願被它感染，因為它讓這個醫療環境更有『人的味道及情的依靠』，而成就出屬於慈濟醫療人文的典範。」

同仁在林俊龍的帶領下，從啟業前就與志工水乳交融，感受到那分「付出無所求」的歡喜，也對醫療工作產生了影響，願為病人多做一點。

阿嬤的腳長蛆

林俊龍離開美國落腳臺灣花蓮，五年後的下一站，是地緣更偏僻、資源更缺乏的嘉義大林，但若要說這裏落後，他是絕對不會認同的！

在他可以預見的未來，這裏將會成為一家「國際級」的醫院。

臺灣醫界正準備迎接高科技化與數位化時代來臨，但已然成形的醫療系統不易改革，醫院多半只能小範圍局部做起。

千禧年啟業的大林慈濟醫院，站上了無紙轉型時代的最前鋒，不但檢查、治療、生理監控儀器是國際頂尖，更少見地透過數位系統做資訊整合。醫師可以在檢查、檢驗後的第一時間調閱病歷、判讀報告、跨科會診，爭取搶救生命的時間，大幅提高部門之間的溝通效率，更省去紙本輸送和沖洗X光片的汙染，非常環保。然而，造價卻極為可觀。

幸運的是，在幾家參與競標評選的國際系統儀器大廠中，有一家美國廠商看見了東亞市場的潛力，有意將大林慈院作為示範櫥窗，提出不顧成本的優惠報價。啟業時，大林慈院一躍成為臺灣系統設備最先進的醫院。

提供高品質且溫馨、親切的醫療服務，成為專業與人文並茂的醫院，是林俊龍引領同仁努力的方向。他們在田中央，但他們將卓越。

破解農曆七月禁忌

「請問急診病人可以送來了嗎？」七月初，籌備辦公室電話接連響起，從民眾的語氣中，感受醫療需求的迫切性。同仁日日加緊腳步，與時間賽跑。

七月二十四日，開放門診服務，醫事室同仁林美秀第一天來就職報到，還沒走進醫院大門前，就被眼前人山人海的景象給震懾。

第一個人山人海，是慈濟志工。

先前服務於嘉義市其他醫院的她，對慈濟只有模糊的印象，這天早晨七點不到，在她踏入大林慈院之前，就已見人頭黑壓壓一片，十分可觀。

更讓她受驚嚇的是，兩排人龍從大門口延伸入大廳，對著初來乍到的新進同仁們唱著歡迎歌，還有人恭恭敬敬地九十度鞠躬致意、謙虛引導，「我這是何德何能？竟然被這麼多人禮敬與服務！」

第二個人山人海，是雲嘉鄉親。

當她在人資室完成報到手續，領取兩套藍天白雲制服後，立即著裝上陣。但沒想到的是，從坐上批價掛號服務崗位的那一刻，鄉親們便蜂擁而至。

由於鄉下老人家多半不識字，加上全數是初診，光是代填資料的一問一答與電腦文書，就忙碌指數破表。

同仁忙翻天，鄉親們卻感到熱鬧又新鮮，大林慈院的人性化空間設計，在當時的臺灣醫院極為罕見，加上院區布置有本土文化區、醫療人文展覽館，儘管過去老人家對於上醫院有所禁忌，但在志工的影響下，大家都好奇自己捐款蓋的醫院長得怎樣？

不只如此，大林慈院甚至在民間觀念「諸事不宜」的農曆七月啟業，告訴大家，七月原是佛教吉祥月！「大林慈院就像大樹好庇蔭，進入醫院不怕走不出去，因為走進一片功德林中，順便可以來賺功德財。」從臺北來的志工紀靜暘妙語如珠，聽得老人家都開心笑了起來。

第一位送急診病人

門診區一早就人潮絡繹，但到了上午八點半，急診室依然一片祥和平安，李肇碩和趙凱醫師聚在電腦前討論著作業流程，護理人員和志工也嚴陣以待，其實，他們從前一天晚上就開始值班待命。

不久，病人陸陸續續被送來急診，八十一歲的老太太，是第一位病人。

醫護人員掀開老人家左腳的紗布，被眼前景象震撼了。

烏黑腫脹小腿上的傷口潰爛流膿，裏頭還有數不清的白色小蛆在蠕動，啃食著腐壞的組織。醫師在清洗傷口上的殘藥後，毫不猶豫地用鑷子夾起一隻隻蟲。

「我的腳生蟲已經很久了，以前到別家醫院看過，他們說沒病床不肯收；最近聽女兒說，大林有一間新開的慈濟醫院，兒子就把我送過來試試看。」

原來她先前曾就醫領藥，但抹藥後不見起色，就自行停藥，一心等待大林慈院開放門診。

阿嬤是糖尿病患者，由於血糖長期控制不良，下肢循環不佳且感覺神經遲鈍，傷口不易收合。對待傷口最好的辦法不是層層塗藥，更要保持乾淨，同時要控制血糖。經過整形外科簡守信副院長的評估後，隨即收住院治療。

子女都很關心她的病情，過去也曾帶她到北部求醫，但醫師告知，唯有從小腿截肢才能徹底根治，子女對此各持不同意見。若是截斷小腿，她從此將行動不自如，成為下一代的負擔，阿嬤也不樂見如此。

因此當知道大林慈院開放服務時，她趕緊來這裏尋求希望，即使雙腳腫痛難當，臉上依然出現幾抹安心的微笑。

為了保住阿嬤的行動能力，簡守信副院長給出更讓人安心的建議，只需要截斷兩隻完全壞死的腳趾頭，其他潰爛部位則透過頻繁的清創和換藥，幫助癒合。經過兩週的住院治療，阿嬤的腳趾皮膚長了出來，其他傷口也大幅改善，可見下肢循環已經恢復。

「簡副院長人好、醫術又高超，看媽媽能保住這隻腳，真想跪下來向他頂禮。」專程從外地回來探望老母親的女兒，激動地對志工訴說。

好不容易盼到出院這一天，阿嬤卻哭了。「這裏的醫師、護理師把我照顧得很好，我捨不得離開醫院啦！」

志工鼓勵她，「等你腳好了，來醫院當志工，將您的故事與人分享。」

阿嬤的臉上露出笑容：「按呢足好耶！我一定會常常來！」

採訪筆記

和「王祿仙」打擂臺

過去在鄉下廟口經常可見民眾聚集，聽「王祿仙」推銷來路不明藥物的場景，路上也隨處可見「包醫」的密醫廣告招牌。大林慈院啟業的第一位急診病人，糖尿病足惡化至組織壞死、長蛆，就提醒了同仁，雲嘉長期醫療資源不足、鄉親醫療知識不正確的困境，而案例在後來仍然屢見不鮮。

因此，醫療團隊知道，光是提供高品質的醫療服務是不夠的，醫師有責任成為正確醫療資訊的提供者。

大林慈院啟業一周年時，簡守信副院長成為健康知識的說書人，在大愛電視開闢了《大愛醫生館》帶狀節目，一週五天，將生冷的醫療知識結合藝術、歷史和人文故事，與密醫、賣藥人打擂臺。

而從醫院尚未啟業前，林俊龍院長就帶著大林慈院同仁持續不斷走入社區舉辦衛教、健康篩檢服務，一樣在廟口，一樣在街頭，但沒有利益交換，只有愛與關懷，用接力不斷的恆心、毅力來改變當地社會。

一開診就應接不暇

病人就診的需求，完全超乎預期。開放門診第一天，就服務超過七百人，數字反映著當地長期缺乏完善醫療，在大林慈濟醫院啟業後，一擁而入。鄉下地區人才招募與養成不易，第一批護理同仁在花蓮慈院受訓半年，啟業前調回大林。萬事起頭難，但對於能回鄉服務，同仁依舊滿懷期待。

門診首日規畫提供兩百五十張病床，沒多久就宣告滿床，林俊龍召集相關單位，決定盡快加開新病房。然而，人員、設施、軟硬體樣樣都未到位，歷經一個多月緊鑼密鼓的準備，終於加開了五十床，林俊龍卻在新病房啟用的當天傍晚，接到護理長的電話：「院長，院長！我們滿床了……」

每天晚上，林俊龍與洪琇美相偕上病房關心同仁工作情形。這天晚間八點多，他們遇見一位新進護理同仁，蹲在護理站的一角啜泣。

「怎麼啦？工作很累喔？晚餐吃了嗎？」洪琇美溫柔地抱住這位護理人員，淚汪汪的她，哭得更委屈了。從一大早投入崗位，病人就應接不暇，流程不順、備品不齊，忙到沒時間吃飯與休息，「真的太累了……」

洪琇美感到一陣心疼，但此時員工餐廳早已打烊，八點過後的大林鎮更是找不到餐廳可以購買便餐，她趕緊下樓搬救兵。

大約半小時後，志工們將熱騰騰的手工水餃送到護理站，溫暖她們空虛一整天的胃。這水餃是醫院地下一樓美髮部店主，六十六歲的蘇月桃特地為醫護人員包的。

從事美髮工作五十年的她，在參與大林慈院理髮廳投標時，她默默向佛菩薩發了願——來慈濟開理髮店，不是為了賺錢，而是要做志工，每月所得在上繳醫院租金後，其餘要全數捐給慈濟，平時若醫院有需要，她還可以就近支援廚房煮飯、為需要的人助念，與此同時，社區的環保工作也不會放棄。

當獲知得標時，她淚流滿面，早出晚歸做得滿心歡喜，「醫院要我們怎麼做，我就全力配合。」對她來說，在慈濟醫院工作的每一天，都是她實現心願的珍貴因緣。

啟業初期，同仁們忙得無暇起身用餐，洪琇美特地拜託她幫忙包水餃，蘇月桃二話不說就答應了。

「這麼有愛心的院長夫人，實在是被她感動，我做這一點不算什麼！」

院長帶頭值急診班

病房供不應求，急診室塞車亦不難想像。一個週末下午，急診護理長急匆匆地衝到院長室找林俊龍。「院長，不行了，急診室要暴動了。」

怎麼回事？醫院連啟業典禮都還沒舉辦，就發生抗爭事件了嗎？

「急診病人大排長龍，有人進來三、四十分鐘還沒看到醫師，開始吵著要退掛。院長你快點來看！」

林俊龍三步併作兩步趕到急診，果然好幾位病人心煩氣躁地在那兒跳腳：「哪有人急診等那麼久，根本就是慢診，我們不要看了，我要去嘉義。」

他稍微安撫病人之後，首先關心的是急診醫師。原來這位年輕醫師，看診確實仔細，每一位病人都從症狀、家族史詳細問起：眼前的病人還沒問完，第二、第三、第四個病人卻陸續被送進來。

適逢週末下午門診休診，等不及下週一看門診的病患都往急診跑，這下急驚風遇到慢郎中，難怪病人家屬開始鼓譟！

「我已經超過兩天沒睡覺了……」醫師臉上掛著一雙熊貓眼，神情疲憊地看著院長。林俊龍顧不得辦公室忙到一半的工作，立刻對他說：「這樣不行，你去睡覺，我來值班。」

他雖然是心臟專科醫師，但個性果斷明快，條理分明，在美國也受過急診訓練，在他接手值班任務之後，漸漸消化了等候的人群。

「你頭很痛，先來這裏躺，我請人幫你量血壓。」「阿伯小便不順，你先去留一下小便檢體，我等一下就來幫你做檢查。」「你很喘，我先幫你戴上氧氣，你在這裏休息一下。」將所有病人都安頓下來後，林俊龍再回頭一一了解病史與安排進一步檢查。

由於病人數多，已回到宿舍的急診醫師，一度又被護理人員召回，太太擔心他的身體不堪負荷，亦步亦趨跟著到急診，林俊龍狠下心來對他說：「你回去休息，我拍胸脯保證，會好好治療這裏的患者，你就安心交給我們吧！」

啟業時期，急診醫師人力是大林慈院的痛點，林俊龍曾四處拜訪各院求才，卻沒有成熟的急診專科醫師願意到此偏鄉來，只有這位剛受完訓的醫師願意接受師長的推薦，來到百事待舉的鄉下大醫院。

啟業前，林俊龍也曾請託院內其他醫師來幫忙，但各科人手不足都自顧不暇，主治醫師們既要執行門診、手術、檢查等臨床業務，又要負責科內的值班，不願意到急診值班，也是情有可原。

急診室發出去的值班表，一片空白回來，林俊龍知道後沒有半句責怪，卻在緊要關頭親自「下海」值班，直到隔天早上，急診醫師沈沈地睡了一覺醒來後，才相互交班。

「我什麼時間點還要下去幫忙？」第二天下午，林俊龍打電話給急診護理長，他已經做好了與急診醫師交替值班的準備。

「院長，值班表都填滿了！沒有您的班。」原來，院長值急診班的消息在院內不脛而走，醫師們紛紛主動請科內同儕幫忙，內、外、婦、兒各大科別的值班表通通填滿了姓名，再也沒有人以各種事由推辭。

這樣的辛苦經營，直到半年後，新光醫院訓練出身的李宜恭、黃俊卿等新秀到任，一步步將大林慈院緊急醫療團隊建構健全，才終於得到紓解，從飄搖到穩定，前後大約走了十年。

但林俊龍躬先表率的風範，留給同仁鮮明的印象，看著他做事時那幹勁十足的身影，大家也都跟得心甘情願。

採訪筆記

你有幾個住院醫師？

有一次，林俊龍參加縣政府會議，與另一家剛啟業的大型醫院院長並肩而坐。

會議空檔，對方轉過身來對林俊龍說，該院第一階段預計開設六百床，以平均一位住院醫師照顧十張床來計算，需要至少六十名住院醫師，但總院卻只分配了五十個名額來。對此他忍不住抱怨，並詢問林俊龍：「你有幾個住院醫師？」

林俊龍一句話也說不出來，以笑容帶過。

大林慈院啟業的同年三月，關山慈院啟業，而玉里慈院才剛滿周年。花蓮慈院承擔東部偏鄉醫療，人力也是泥菩薩過江，哪還能派人到大林呢？

一位住院醫師也沒有。

而林俊龍也是一句抱怨也沒有。

面對西部的廣大醫療需求，主治醫師十分辛苦，他參考美國的醫療制度，從護理人員中選才育才，訓練出一批敏銳成熟的專科護理師。由於人員穩定性高，長期下來與主治醫師默契十足，對臨床工作幫助很大。

沒有辦法就找辦法，眼前縱然是荒原，只要一直帶頭走下去，就能走出一條路。

做乎死也甘願

初診患者多，醫師需要詳問病史，看診時間比平時還長，門診不免壅塞。時間超過下午一點半，許多診間外還坐著上午診病人，下午診患者就已陸續到來，醫護人員根本無暇用餐。

常住志工黃明月發現後，趕緊請人一起幫忙採買牛奶和點心，讓他們方便利用空檔充飢，同時，也請志工們穿梭診間提供茶水、餅乾，給候診的民眾墊墊肚子。往後很長一段時間，志工組辦公室充滿了水果香，她開始每天為醫護人員打果汁、精力湯，讓同仁以最方便的方式，隨時補充水分和營養；有時，她也吆喝志工幫忙煮補湯、麵線，做前線醫護的能量補給隊。

新醫院啟用的昏天黑地中，偶然接收到志工們恰如其分的體貼關懷，讓第一線作戰同仁很感動，工作士氣依然不減。

兩週後，迎來了父親節，洪琇美找人文室仁商量：「這陣子同仁忙得沒日沒夜很辛苦，乘著父親節到了，我們準備一點東西來慰勞大家吧！」

人文室是慈濟醫院體系裏特有的單位，扮演醫院與社區志工、慈濟基金會之間的橋梁，將慈濟人文關懷普遍落實於醫院各個角落。要讓同仁懂得愛人之前，得先讓他們感受被愛，洪琇美有此提議，大家很快就熱絡了起來。

受到從小家庭教育的薰陶，以及美國人際互動的文化影響，洪琇美送禮時向來會用心包裝點綴，即使內容簡單，也能讓人感受真摯情意，她還特地從美國帶了一箱緞帶回臺灣。

這分素養與慈濟冬令物資的打包哲學相似，法師教導弟子，從選物到包裝都要用心嚴謹，成品扎實而美觀，實用且富有人文，不只是將東西送到對方手中而已，還一併收到感恩、尊重、愛的情意，「送物以禮，敬在誠意；質純其心，儀表人文。」

前一天下午，社區來了不少志工幫忙包裝禮物，醫療副院長簡守信的夫人郭世音、行政副院長黃佳經的夫人林桂慧，也都加入幫忙的行列。當同仁們為了照顧病人而忙得不可開交，這群媽媽們為了當同仁的後盾，也忙得樂不可支，「媽媽文化」成為大林慈院早期為人津津樂道的一大特色。

小竹籃裏鋪著蕾絲紙墊，各種各樣的水果、糖果、果凍、紅豆餅，還繫上粉紅色蝴蝶結與靜思小卡，十分別致且討喜，五百多位在職同仁和外包廠商通通有。

在穿著藍色慈濟志工服的人群中，有一位穿著淺綠色上衣的老人家格外顯眼，背脊微駝，滿臉皺紋，神情卻洋溢著幸福與感恩，動作緩慢而專心。

她是七十三歲的卓老太太，從二十一歲寡居至今，有一次胃出血住院期間，看見慈濟志工每天來為同房病友擦澡、餵飯，從此與慈濟人結緣，同樣受到社區志工無所求的關懷，因此發願要在有生之年，為慈濟盡一分心力。

大林慈濟醫院啟業前後，她經常搭乘交通車來做志工。

「我知道我能做的事不多，即使是廁所的清潔工作，我也樂於承擔。」阿嬤帶著幾分靦腆，說的雖然不是大道理，卻是打動人心的人間至情。

小禮物情意動人心

父親節一早，全院醫師聚集在會議室開會，散會前，媽媽們突然推門而入，原本斂容屏氣的醫師們，像是意會到了什麼，嘴角陸續上揚了起來。

「每當聽到鄉親們的讚歎，病人們的歡喜與感恩，腦海中浮現的，總是您默默付出、經常廢寢忘食的身影。啟業期間，與您一起走過這段艱辛歲月，來年回首來時路，相信我們都會為自己而感到驕傲，無悔人生……」

林俊龍念出感謝函時，幾度哽咽停頓，醫師們對於院長領著大家走過篳路藍縷的艱辛，心有戚戚焉，也許是感受到辛苦被理解的溫暖，一些人感性得淚水開始在眼角打滾。

忙到喉嚨沙啞的黃明月，用帶著磁性的聲音表達心聲：「志工沒有醫學專業，只希望所有人能離苦得樂，感恩每一位醫師的用心和投入，讓我們能美夢成真……」

對醫師來說，他們只是克盡本分，卻收到不只來自於病人的感謝，連院長、副院長、夫人們和志工們都聲聲感恩，彼此惺惺相惜，麻醉科賴裕永醫師忍不住感動地說：「這麼溫馨的醫院，做乎死也甘願！」

過去沒有醫院這樣做過。禮金或禮物的發放，都是派發至銀行帳戶或集中於特定窗口領取，也很少人在意職場上的父親節，今晨接過手中的禮物雖是小東西，卻分外打動人心。

不過這只是他們在大林慈院的第一次，往後逢年過節與紀念日所收穫的感動，一次比一次還要精彩。

俗話說「千里送鵝毛，禮輕情意重」，林俊龍和兩位副院長領著志工隊伍，從剛啟用的六樓病房護理站，到地下一樓供膳廚房和供應中心，三個小時才走透透，還不忘囑咐要為其他不在線上的同仁預留禮物。

「護理同仁常常忙到忘了吃飯、睡得又不夠，真的感恩你們！」每到一個單位，林俊龍說明此行目的，誠意鞠躬道感恩。

主管們的親切和謙卑，讓同仁又驚又喜，有些人甚至在洪琇美的擁抱裏偷偷落淚。辛苦付出被主管理解與看見，溫暖點滴在心頭。

傍晚六點多，夕陽即將沒入地平線，三位院長室主管一起走回辦公室，被出其不意的一幕嚇了一跳。

「父親節快樂！」同仁端出事先準備好的蛋糕，大聲唱歌感恩「主管爸爸」們。這下，換他們三位被同仁打動，眼角泛出閃閃淚光。

甘願付出就不辛苦

一早那位說「做到死也甘願」的麻醉醫師賴裕永，雖然是玩笑般地說著，卻也是出自真心感動；從大林慈院開始提供醫療服務，他就兢兢業業堅守崗位，是外科系醫師不可或缺的工作夥伴。

過去他服務於花蓮慈院時，與志工一直有著隔閡，每天規律地上下班、值班，極少有機會參與醫院活動。

啟業前一年，林俊龍積極幫大林慈院延攬人才，幾位南部出身的外科醫師計畫返鄉服務，唯獨欠缺麻醉科。當他向另一位麻醉醫師徵詢意願後，得到對方的欣然應允。

那位醫師老家在臺南，大林是離鄉更近的工作地點，但啟業前一個月，他突然向林俊龍表示：「不去了！」

原來，未曾去過嘉義大林的他，特地利用帶妻兒返鄉期間，開車去看看即將走馬上任的新醫院。不看還好，這一看讓他們深受打擊，那像是快要啟業的醫院？

周邊仍是荒煙蔓草，入夜後除了施工處的幾盞燈光外，一片闃寂黑暗，連便利商店也找不著，顯然比當時的後山花蓮還不發達。縱使有宿舍可住，但家人的生活、子女的教育該怎麼辦？

「那裏鳥不生蛋，我怎麼敢去？」

聽到這裏，林俊龍只能尊重他的決定。

然而啟業在即，必須緊急填補麻醉科缺口，否則手術作業必開天窗，沒想到他緊接著徵詢的賴裕永，既沒問薪資待遇，也沒問每個月要值幾天班，便答應他：「好，我來幫你們的忙。」

和先前那位醫師一樣，他也考慮到家人的生活問題，但在意的重點卻截然不同——南部地區陽光普照，說不定孩子的過敏症狀會變好。先前他去小學一年級兒子的教室時，發現孩子抽屜裏塞滿衛生紙，這才意識到他鼻子過敏的嚴重性，開始思考如何帶給他們更適合的成長環境。

這一個承諾，讓他一人獨撐大林慈院麻醉科好長一段時間，甚至就此睡在辦公室裏。

儘管從宿舍走到開刀房，只需十分鐘，但考慮到夜間與假日的照護人力較少，有時重症患者生命徵象不穩定，即使手術結束，他也不放心遠離加護病房，好讓護理人員能隨傳隨到。

原本以為，至少會有兩、三位同事一起輪值麻醉科業務，沒想到要獨撐大局，他索性推來一張連翻身都不困難的陪病床，把枕頭、睡墊、棉被帶來辦公室，一聽到護理人員敲牆壁，就立刻清醒待命，上崗的速度不輸消防員。

「賴醫師，你好像沒結婚？」見他一天二十四小時幾乎都以院為家，一位醫師忍不住好奇問他。

「我的一個孩子在醫院大廳彈鋼琴，另外兩個跟我太太在我辦公室拉小提琴，他們等一下會合奏給我聽。」在花蓮時，他晚上會陪著孩子打球、運動，現在工作忙得無暇抽身，他們仍重視家庭互動，只是場所變成了辦公室。家人不但體諒，還會來辦公室演奏樂器，共享有如私人音樂沙龍般的美好時光。

其實，大林慈院的空間寬敞，設備新穎，人文氣息濃厚，他甚至形容，就像是搬到五星級大飯店，唯一美中不足是人力不夠。剛開始，他也積極培訓麻醉護理師，但總是很快被其他醫院挖角，幾年後，人力才逐漸穩定下來。

工作雖然辛苦，但在這家醫院服務，卻能得到許多在其他醫院沒有、用金錢也買不到的待遇——每天進出電梯，都有志工對他說：「感恩你。」

剛開始他不太習慣，為什麼要對他說感恩？再走一會兒，又有人說：「祝福你。」還有人說：「幸福了。」這些話，都是他以前不曾聽到的。「我這個有領薪水的人，反倒讓不求回報的志工在支持，真不好意思。」

花蓮的同事打電話關心他說：「賴裕永，你一定很累，很辛苦吧！」但他心想：「常常聽到人家祝福你，怎麼會累？」能在這麼好的環境裏上班，感到很知足，也很幸福。

這種心甘情願的喜悅，從同仁日常的對話能感受得到。有一次在活動中，另一位同仁拿起麥克風分享：「在大林慈院服務很幸福，賴裕永醫師說他做到死也甘願，我呢，是做不死不甘願！」

採訪筆記

安住人心的妙方

啟業那些年，下班後的大林黑漆漆一片，儘管後來醫院外多了一排商家，但晚餐過後就熄燈，即使醫師有意來服務，家人也未必同意，林俊龍坦言，這是招募困難之所在。然而對於硬體環境與軟體人文，他深具信心，曾在異鄉打拚的他知道，這裏有一片等待開創的天空，他要用人文與熱情來吸引人才。

院外無街可逛，成了院內社團蓬勃發展的契機，透過醫院的補助和獎勵，各種學藝性、音樂性、服務性、運動類社團陸續由同仁自發創立，醫院也為同仁開辦各種專業、語言進修課程，聯繫起同仁的默契和感情。

當年雜草叢生的運動公園，也透過醫院的認養，除草、種樹、定期號召同仁、志工打掃撿拾垃圾，又進一步聯繫起與社區之間的感情，成為今日同仁下班運動休閒的好去處。

第一批到職同仁曾在醫院大門口留下一張大合照，到了五周年院慶時，經由人資室的盤點，當時入鏡三百多名同仁，仍有超過三百人在職，表示同仁們凝聚力高，離職率低。

護理同仁未婚居多，遲早面臨生兒育女的生涯轉變。這是難以抹滅的現實，但林俊龍卻說：「大家都不知道，其實大林才是最適合居住的地方。」

現任副院長賴俊良，當時是胸腔內科主任，猶記得聽到這句話時感到難以置信。二十多年前，大林常被形容是「鳥不生蛋」的地方，他在許久以後才慢慢體會鄉村小鎮的「宜居」，和林俊龍的遠見。

換個角度來經營，別人眼中的劣勢，都能被他扭轉為優勢。

把幸福、美滿、快樂留給病人——

巡視完住院病人，整理完病歷資料，一位醫師踩著疲憊的腳步準備離開病房。晚上八點多，他打了通電話給宿舍裏的太太。

「我現在可以回家吃飯了，請你幫我把晚餐熱一熱，然後打包行李。」

「為什麼要打包行李？」

「我明天就要去拿離職單。從啟業到現在，每天都忙得七葷八素，七晚八晚還吃不上一口飯，這不是人幹的工作。」

這位醫師過去服務於公立醫院，也曾自己開業，工作再怎麼忙碌，也大多能作息規律。來到大林慈濟醫院後，忙碌超乎預期，啟業至今三個月，沒有從容地吃過一口晚餐，短期內也似乎看不到改變的可能。

掛掉電話，他緩步下樓朝宿舍走去，發現還有一個診間燈火通明，病人與家屬都靜靜地在候診。仔細一看，診間掛牌寫著「醫師林俊龍」。

「不用打包了，我要留下來。」一踏進家門，他對太太說。「院長都親自看診到這麼晚，我這八點多算什麼！」

多年後，這位醫師親口向林俊龍說出這段往事，直到二十多年後的今日，他仍堅守崗位守護著病人。

當時，慈濟醫學院還沒有醫學生畢業，花蓮慈院也無餘裕派人支援，大林慈院的醫師全是從不同醫療體系延攬而來。英雄來自四面八方，這是正向且樂觀的思考，但若共識無法凝聚，磨合確實辛苦。

大林慈院不止招募人才難，求得人才後，要如何安住大家的身心，是林俊龍最大的考驗之一，他卻用「以身作則」解決了這項難題。

不論醫院的硬體規格多高，醫療品質能否優異，關鍵仍在於醫療團隊。弱勢的外在條件下，院長的壓力可想而知，然而林俊龍始終面帶笑容，像是動力十足的火車頭，隨時帶動眾人士氣。

醫院地處偏僻，同仁若非有著為鄉親服務的熱忱，就是認同慈濟「非營利」的醫療理念，林俊龍十分珍視工作夥伴，他們是醫院最大的資產。

他對同仁不講大道理，儘管經營壓力大，也未曾要求業績。並非他毫無永續經營的規畫，而是確信只要服務親切、品質做得好，民眾自然近悅遠來。

「以病人為中心」說起來簡單，但醫界都知道，背後有諸多難以落實的因素，尤其在健保給付的限制下，不免須「以數字為中心」來做考量。

院長甘願做，而且做得歡喜，對同仁的醫療行為是深具影響力的。他時常勉勵同仁：「把幸福、美滿、快樂留給病人，把困難、壓力、責任留給自己。」這句話被許多同仁引以為座右銘。

啟業後不久，婦產科來了一位病人。第一胎生了女兒後，她多年無法再懷孕，因為子宮內有一顆巨大肌瘤，造成經期大量出血，而導致貧血。

四十多歲的她，身上背負著傳宗接代的壓力，曾去過許多大醫院求診，但醫師的建議卻很一致——懷孕機率很低，風險也很高，最好的做法是切除子宮，若夫妻倆仍無法放棄求子夢，就必須收養。

當時內視鏡手術還未在臺灣廣泛發展，移除子宮肌瘤的主流方式，是以傳統手術進行子宮切除。在失落地離開各醫院後，她來到啟業不久的田中央大醫院。

「好，我儘量幫你切除腫瘤，保留子宮，我們來努力營造一個寶寶能住下來的環境。」來到大林慈院後，醫師給了她未曾聽過的建議。

經過手術與調理，她在三年後順利產下第二胎，一個健康的男寶寶來到他們的家庭。

當醫師答應病人的請求，即是將責任與壓力往自己的身上扛。

由於肌瘤過大，且無法完全切除乾淨，寶寶需要與肌瘤競爭成長空間，流產風險高，有可能產生畸形，再者她是高齡產婦，照顧上需要特別費心。

此外，還有另一個隱藏在檯面下的考量，子宮切除術健保給付三萬多元，接生的健保給付卻只有一萬六千多元，花費更長的時間、背負更沈重的壓力，卻只拿到更少的給付，這是多數醫師不願意去做的隱藏因素之一。

林俊龍只讓醫師思考：對病人是否有幫助，而我們能否幫上忙？如果答案是肯定的，醫院就全力做醫師的後盾，讓他們盡心照顧病人，成為自己理想中的醫師，不悖初心。

大林慈院啟業後四年多，神經外科只有陳金城一位醫師，每到週末假日，鄰近地區的醫院醫師人手不足，腦脊椎急診病人求助無門，就紛紛往大林慈院送，他一年值班三百六十五天，未曾遠離大林。

常有高風險患者在醫學中心遍尋名醫，多次被拒絕手術後，來到他的診間，才終於得到手術與重生。風險高，責任重，但在那些難以拿捏之處，就總能看見一家醫院的精神價值。

幸福、美滿、快樂留給病人，困難、壓力、責任留給自己，林俊龍的自我期許，也成為慈濟人文醫療的本質。

採訪筆記

院長的職責

啟業初期，民眾不免對年輕醫師的能力有所懷疑，但林俊龍相信，只要態度親切，照顧用心，病人必然有所感受。

醫師年輕，卻也富有理想，勇於規畫且積極推進。林俊龍認為，院長最重要的職責之一，就是盡可能地爭取資源支持同仁，給予發揮的舞臺，而不要限制同仁依照自己的方法、框架循行，否則團隊無法開創出更大的格局。

「他們可以做得很好、很出色，要給他們時間。」

事實證明了他的信念。醫療團隊在啟業後的幾年內，就承擔了各種雲嘉第一例特殊醫療案例，隨著時間與經驗累積，許多科別的醫療品質，媲美甚至超越醫學中心。

帶三個便當等門診

「見到你，我的病就好了三分！」八十一歲的蔡老先生緊握著林俊龍的手，神情略顯激動，躺在病床上的他，眼神盈滿感謝和安慰的光。

每隔一段時間，他就會繞過半個臺灣，從臺東來到嘉義大林就診。平時身體狀況穩定，老人家尚且經得起這樣的長途旅程，但這回的就醫過程卻是歷劫挫身，險些到不了。

由於年輕時就是個老菸槍，老先生患有慢性阻塞性肺疾和胃潰瘍，後來心律不整，到花蓮慈濟醫院接受心導管手術，由當時的副院長林俊龍主治。

這一治，將他身體各方面的症狀，都一併控制得十分穩定，且林俊龍陽光般的笑容，總是讓他對治療懷有信心。

林俊龍轉任大林慈院院長後，老先生便決定要「追隨良醫」，定期到大林回診、領藥，子女也遵循父親的決定，他們一致認為，「讓林醫師看一看比較安心」。

日前，老先生罹患感冒久久不癒，身體狀況突然走下坡，然而預約回診的日子還沒到，他就近看診、領藥後，依然感到心臟負荷沈重，想著遠在西部的主治醫師，不禁長吁短嘆：「林醫師怎麼那麼遙遠啊……」

看著身體不適的老父親眉頭深鎖，子女決定放手一搏：「阿爸！我們會帶你去找林醫師，但是你的心念一定要很堅強，才能夠到達那裏喔！」

不料車行至屏東，老先生突然病況危急，子女趕緊將他送至市區一家醫院就診。在緊急插管平復呼吸後，他依舊堅持要到大林看林院長；拗不過他，院方請護理師隨行，以救護車送他到大林。

蔡老先生抵達大林慈院前，正在看門診的林俊龍早一步趕到急診室，發現他心跳一分鐘達兩百多下，出現心臟衰竭現象，經細心照料，終於化險為夷，四天後由加護病房轉至普通病房。

「幸好我安全抵達這裏，否則再也見不到您了！您人真好，我不知道該怎麼報答……這一趟翻山越嶺奔波，是值得的！」老先生向林俊龍道謝，激動得流下淚來。

兒女表示，一家人對林院長和慈濟醫療團隊，都心存滿滿的感謝。「不論在花蓮或大林，林院長以醫術加上對病患的細心關照，是父親病情能平穩下來的關鍵。」

藥一樣效果不一樣

在美國，有病人搬遷至舊金山、拉斯維加斯後，仍堅持定期回到洛杉磯北嶺找林俊龍看診；在臺灣，像蔡老先生這樣跨縣市來找林俊龍的病人，更是不在少數。問他們原因為何？他們常會對林俊龍說一樣的話：「看到你，我就安心，沒看到你，我就心煩意亂。」

有時，林俊龍出國請其他醫師代診，病人不免在下次回診時抱怨：「那個醫師開的藥好像比較沒有效。」

林俊龍看了看系統紀錄，發現代診醫師的藥方與他先前的一模一樣，但病人仍會篤定地說：「不一樣，就是不一樣。」

他添加了什麼祕方？或許，裏頭多了幾味看不到的良藥，包括愛與關懷，更包括信心與希望。

高明的醫術之外，那分貼近病人心聲的親和力，更是他們需要的。林俊龍看診時的「招牌動作」，深深烙印在每一位病人的心坎——他會先將聽診器頭在手心摀暖，再輕輕放到病人的身上，全神貫注聆聽病人的心音，有時，甚至會忘神地將額頭靠在病人的肩膀上，彷彿與他們融為一體。

無論病情如何複雜，從未讓病人在他臉上看到蹙眉和一絲猶疑，舉手投足間，都自然流露著證嚴法師期許的「感恩、尊重、愛」。

「好！我來調整一下藥，身體需要一點時間，但會慢慢改善的！」這一聲「好」，總是既宏亮又明確，讓病人跟著提振起信心。

遇到男性病人，他有時還會用有力的大手拍拍他們的大腿，宛如知心好友那樣；而這也是事實，比起病人的好友甚至病人自己，他更了解他們的「心」。

直視病人，仔細聽他們的心聲，更聽出他們話語之外的弦外之音，累積的不但是醫師的能力與閱歷，也讓醫師更敏銳、更柔和。

死忠粉絲半夜候診

「哎呀！林醫師，你看病不能花這麼多時間啦！我等了好久。病人進來，你只要『一、二』就好了，然後就叫下一個。」

由於病人的「死忠」跟隨，他在大林慈院期間，門診常態看到夜間

十一、二點，最高紀錄曾到凌晨兩點。

雖然病人們都堅持要等他看診，但偶爾也不免有些小抱怨。

「好啊！現在『一、二』，看好了。」林俊龍促狹一笑，一派輕鬆地回應病人。

「不行啦，我好不容易等到現在，你怎麼可以『一、二』就把我打發走！」對病人來說，醫師花在自己身上的時間總是嫌不夠。但不管多少人在等待、是否被病人催促，他從第一號看診到最後一號，一樣氣定神閒，笑瞇瞇的表情沒有改變。

打開診間房門的瞬間，看到醫師的笑容，病人就覺得病情好了三分，愉快的就醫體驗，加上醫師的微觀診察與綜觀評估，總能帶來微妙的治療效果。

雖然總要看診到深夜，但林俊龍觀察到，掛號在前面的號碼，偶爾會叫不到病人，反而是排在尾數區段的病人，都會堅持等到底，幾乎沒有空號、跳號的情形出現。

「林院長，我上次帶了兩個便當來看你的門診，這次我疏忽了；除了午餐、晚餐之外，我應該還要帶宵夜來！」將近晚上十二點，一位熟識的病人走進診間，笑容滿面地分享著掛號甘苦談。

由於網路預約掛號已經額滿，他只能一早就來醫院排隊碰運氣，「幸運地」掛到兩百零二號。

有了先前的看診經驗，他早已備妥午、晚餐便當來候診，等到深夜肚子又開始餓了，卻不敢離開診間，一來醫院附近的店家都已早早熄燈，二來擔心錯過叫號，又得再多等一會。無論如何辛苦，都堅持要讓林俊龍看診。

雲嘉鄉親性情純樸，時間也走得比都會緩慢，很少人不耐久候，當輪到看診時，他還會體諒地對醫護人員說：「你們先吃飯，我再等一下沒關係。」

病人奔波看診確實辛苦，但在一牆之隔的診間外，他們也能體會醫師整天看診的勞心勞神，醫病之間常是以愛和關懷交流著。對醫師來說，一整天的門診雖然消耗了體力，卻也總能感受到幸福。

採訪筆記

只要有心

回臺灣後的二十多年來，林俊龍的行政工作和臨床業務一直繁重，除了門診看到三更半夜，還要做心導管檢查、巡房、各種內外部會議。此外，他積極推進心臟科學以外的健康研究和國際健康促進事務，卻總是精神奕奕。

曾與他共事的醫師們常會感到好奇，除了運動以外，他這種精神泉源究竟來自哪裏？我也嘗試提出來請教他。

一旁的洪琇美幫忙接話：「之前人家問他，他都說，吃素。」他又接著補充：「像上人說的，『有心就有福，有願就有力。』只要你有那一分心，自然就能做到。」

來自海外的求助信

「林院長好……我媽媽的心願要等我娶老婆，還要等我姊姊出嫁，她還要抱孫子，我聽我哥哥和嫂嫂提到您的醫術高明……」

一封寄自馬來西亞的求救信件，出現在林俊龍的信箱裏；幽默的語氣中，真誠流露著全家人想救母親的強烈願望，並且不止全家人，他們還透過向家中、寺院裏的菩薩擲筊，一致認同來臺灣求醫是對的決定，希望林俊龍能出手搭救。

寄出這封信的不久之後，嚴重心臟衰竭、被當地醫師宣告「沒救」的張老太太，在媳婦的陪同下搭上ＳＯＳ醫療專機，於高雄小港機場降落通關後，由救護車一路護送前往嘉義大林，展開一段奇幻的求生之旅。

七十五歲的張老太太，是馬來西亞華僑，受心律不整困擾了十多年，透過心臟節律器控制心搏速度，幾個月前不慎跌倒影響行動，身體愈漸虛弱，更併發肺部感染。

中醫、西醫，只要能找來的，家人都想盡辦法醫治她，但住院後病情仍無好轉，心功能只剩正常的百分之十，最後還因中風而無法說話，馬來西亞醫師搖著頭宣布「沒救」，讓一旁的家屬頓時青天霹靂。

「請臺灣的林俊龍院長幫忙吧！」無計可施之下，長子向太太提出商量，因為他自身就是被林俊龍從鬼門關前拉回來的。

但太太一方面擔心命在旦夕的婆婆，經不起遠渡重洋的跨海奔波，二方面害怕帶給醫師壓力，她感到矛盾又遲疑。

「媽媽，您想到臺灣治療嗎？」聽到媳婦提問，張老太太激動地點頭，淚水從眼角滑落，在全家人的支持下，與菩薩聖筊的加持下，踏上漫長的治療旅程。

母子同在臺灣重生

「昨天晚上睡得好不好？」每天早上，林俊龍朝氣十足地站在張老太太旁，帶著招牌笑容仔細檢查身體狀況，國語、閩南語交雜問診：「來，左手抬起來看看，有什麼地方會痛呀？」

洪琇美也常來加護病房探望老人家，一旁的媳婦掩不住內心的感動，輕撫著婆婆的額頭問道：「有歡喜嘸？」

雖然虛弱無力地躺在病床上，但看見院長和夫人這樣用心親切，她露出微笑，辛苦但仍努力地點點頭。

張老太太的病情非常複雜，心臟衰竭之外，又續發肺部感染合併中風，加上年紀大，藥物的調控需要非常仔細，林俊龍召集多科醫師會診，一步步改善貧血、感染、心功能及腎功能衰竭的問題，身體狀況穩定後，再做復健治療。

兩個月後，她不但移除呼吸器、轉出加護病房，病房內還總是熱熱鬧鬧地，常跟病房護理師說說笑笑，開心時，甚至會唱歌給醫護同仁聽，與入院時的狀態天壤之別。

陪同家人跨海求生，搭上ＳＯＳ醫療專機來臺灣，坐上救護車趕往嘉義大林，不是兒媳婦的第一次。

就在兩年前，她陪著先生熬過一樣的旅程，一樣的主治醫師，一樣的加護病房，一樣的常住志工和林媽媽陪伴在他們身旁，對這些人，這個地方，既熟悉也有信心，也因此當母親命懸一線的危急之秋，他們想到的最後一線希望，就是林俊龍。

病情危急專機求醫

張先生年輕時就罹患心臟病及糖尿病，十多年前曾做過冠狀動脈繞道手術，後來又裝上心臟支架。一次因甲狀腺機能亢進住進當地醫院，住院期間病情急轉直下，心臟功能只剩百分之二十，還合併嚴重的肺積水，五十五歲的他體重更是降到四十二公斤，骨瘦如柴，腹部凹陷。

「你們要有心理準備。」醫師告知除非心臟移植，否則病情已無逆轉的可能。礙於國情與當時的技術水平，在當地醫院成功移植的機率渺茫，家人雖然不願放棄，卻也有了辦後事的心理準備。

妻子在偶然間與當地慈濟志工談起，志工推薦他們到臺灣找林俊龍醫師。來臺前，林俊龍在電話中告訴張妻：「我看過你們寄來的病歷報告，狀況沒有那麼糟，應該還是有機會，我隨時等你們過來。」

當地群醫無策之下，林俊龍之所以能說出這樣的話，必然經過審慎的評估，他也必須為病人、家屬與治療團隊做出重大承擔。

心臟是一個敏感的器官，當身體機能異常，血液循環出問題，心臟的負荷也就增加；張先生不止心臟，更有肺臟、腎臟等多重器官衰竭，但若能一一排除甲狀腺亢進、肺積水，並透過營養治療、藥物調控器官機能，仍有很大的機會可以改善。

林俊龍的一句話，讓在怒海中迷航的夫妻倆看到了燈塔。病情危急，事不宜遲，由於必須仰賴呼吸器，夫婦倆決定立即包下SOS醫療專機，到大林慈院尋求一線生機。

醫療之外的特效藥

儘管衰弱不堪，但神奇的是，張先生與太太一到大林慈院，就莫名感到心安。趕來急診室的林俊龍，專注靜默地聽診評估後，俯身貼近躺臥床上、動彈不得的他，說出的第一個字便是：「好！」他滿面笑容告訴他：「你放輕鬆，我們幫你轉到加護病房，過幾天，慢慢幫你把管子拿掉。」

與此同時，還有好一群醫護人員在他身邊忙進忙出，隨後常住志工黃明月與林媽媽也靠近他身邊，這一群人如此積極陪伴自己走這條路，雖然還不認識誰是誰，但他感覺自己「有救了」。

「林院長總是一句好，二句好，三句也是好，還有這麼多醫師來看我，都沒有讓我感覺自己病重。」

在跨團隊的共同照護下，微調藥物，調節心肺功能，同時靠著「吃素食」與「做志工」這兩項特效藥，以將近一年的時間，成功脫離呼吸器，可以自主說話，並且行動自如。

戴著呼吸器，如何做志工？當時大林慈院推動「回歸竹筒歲月」，鼓勵同仁、志工認養竹筒，人人每天發一分善念，匯集起來成為救人的大力量。擅長手工的張太太，請病房人員幫忙收集乾淨的點滴空瓶，夫妻倆一起加上裝飾做成小豬造型的愛心撲滿。

這些點滴瓶，原是盛裝著維繫病人生命所需的點滴輸液，回收再利用後，又將盛裝能實質救助他人的點滴愛心。

小豬撲滿推出後大受歡迎，連院長、醫師都來下「訂單」，他們賣力地做手工，病房儼然變成小型工廠，其他家屬與同仁下班後，也主動加入幫忙，最後總共做了七、八百個小豬撲滿，用回收塑料做的愛心小天使吊飾，也多達上千個。

起初身體不適的他，並不樂意參與，後來卻意外發現，只要專心做手工，心跳不知不覺間變得和緩，呼吸比較順暢，煩躁的情緒也逐漸安定。

過去他無肉不歡，菸酒不忌，口出穢言，從不看書，與子女互動甚少，住院一年來，蛻變的不止是身體，更翻轉了脾氣與個性，他看書抄經，幫護理師搗藥、為其他臥床病患打氣、按摩，臉上更是多了笑容。

醫療團隊救起的不只是他的身體，心靈都獲得了重生。

要成為這樣的醫師

「現在你可好了，可以大吃大喝了？」林俊龍仔細進行問診與檢查，確認曹伯伯的心臟狀態成功過關後，邊是欣喜邊是擔心地問道。

當初曹伯伯是為了可以無憂無慮地享用美食，才接受開心手術的建議，現在手術成功，也復原得非常好，他卻搖搖頭對林俊龍說：「不行，每次一吃葷就會吐，看到就不舒服，所以還是繼續吃素了。」

醫病兩人四眼相對，有默契地笑了。

住在臺北的曹伯伯，十多年前就因心絞痛而求診過多家醫院，也接受過心導管手術，然而隨著年紀漸長，心肌梗塞復發惡化，走個幾步路就胸悶不適，醫師建議做冠狀動脈繞道手術。

傳統開心手術必須切開胸骨，並在胸口劃開一道長達三十公分的傷口，曹伯伯擔心自己的身體扛不住，不願意開刀。

「爸，聽說大林慈濟醫院的院長是從美國回來的心臟科權威，我帶你去給他看看好不好？」聽從兒子的建議，曹伯伯父子倆專程南下，接受林俊龍的治療，言談間，他依然堅定地告訴林俊龍：「我年紀一大把了，不要開刀。」

「不開刀可以，有一個方法——吃素。」

經過林俊龍的衛教解說後，曹伯伯遵從醫師處方，改變飲食習慣並配合藥物治療，六個月後，不但血壓控制得很穩定，更再也不曾發生過心絞痛。

一年後回診，他的心臟穩定，血壓也很漂亮，心裏卻有一個煩惱：「每次跟朋友運動完，看別人大吃大喝津津有味，只能吃素的我看得很辛苦。你幫我安排開刀吧，這樣我活著才有意義。」

由於身體狀況控制得宜，也基於對大林慈濟醫療團隊的信任，他接受了開心手術，由心臟內外科共同治療。手術後，曹伯伯才發現自己的身體已經適應了清淡蔬食，無法再回頭吃山珍海味，但他卻更珍惜這樣的生活。

「第一眼看到林醫師，病情就好一半！」談起與林俊龍十多年來的醫病情，曹伯伯忍不住說出他們之間的祕密。當初曹伯伯開口要電話號碼時，林俊龍不但給了，還會接電話，或者儘快撥空回電。

當林俊龍被問起為何願意為病人做這些時，他的回答很簡單：「病人有困難，而我們有辦法解決，那就去做呀！」

能實質對病人有利益的事情，他總是沒有太多猶豫，每個起心動念，都徹底落實著他「以病人為中心」的行醫哲學。

臺灣有一句俗諺：「先生緣，主人福。」意指病人若能遇到有緣的醫師，就能在施醫與被治過程都順利，醫到病除，講求的是病人自身的福氣。然而林俊龍總說，能從事醫療工作的人最有福。

「志工們要踏破鐵鞋，去尋找需要關懷的個案，但我們不用出門去找，病人自動上門來讓你有付出的機會。病人有需求才會來，而我們有因緣能幫他，要很感恩這分付出的機會。」

醫師有福，並且不斷造福，就能做病人的貴人，成為那位「對的醫師」，讓一個個來到面前的病人，都是有緣人，安穩得治，醫病共福緣。

銘刻在心的小動作

二〇〇八年，林俊龍接受證嚴法師的付託，膺任慈濟醫療志業執行長。有一次，他在志工早會中，聽到臺北慈院一位年輕醫師的分享。

家住南部的他，多年前父親生病住進大林慈院，由林俊龍擔任主治醫師，他與母親在病房中陪伴照顧父親。

期間某一天，林俊龍參加完志工早會後，來到病房迴診，剛巧他的父親睡得正酣。

當母親打算叫醒父親時，林俊龍趕緊豎直食指，輕巧地放在嘴唇前，壓低音量示意：「噓！讓他睡，不要叫醒他，等他睡醒，我再回頭來看他。」

原來身體不適的父親，昨晚一夜躁動，好不容易才在清晨睡著，林俊龍擔心若這時吵醒他，他將難以再入睡。

看完其他病人，又處理了些許雜事後，林俊龍再次來到病房時，父親果然已經醒來，完成梳洗的他，精神飽滿了許多。

忙碌的醫師時間寶貴，但他知道，病人的睡眠時間亦是寶貴的，沒有選擇以自己為優先，寧可多跑一趟，也要讓病人多休息一會兒。

母親對孩子說：「希望你以後能成為這樣的醫師！」從學生時期到成為主治醫師，他謹記不忘。

林俊龍自己也沒想到，一個不起眼的舉動，卻對年輕人帶來了影響。這就是「以病人為中心」的關懷，比任何口號更有力，更讓人銘記在心。

有一回颱風警報即將發布，住在梨山的病人冒雨提前下山，趕赴林俊龍的診間，但系統並未出現他的掛號資料。

兩手提著水蜜桃的他誠懇地說：「林院長，颱風快來了，我們要搶收，第一個就想到你。怕颱風過後路斷掉，水蜜桃會放到壞掉，今天趕快下山，只是想拿最新鮮、最好吃的水蜜桃來給你，感謝你對我們的照顧。」

事後，他從新聞報導得知病人居住地的聯外道路已斷，所幸他們已及時回到家。這件事，讓林俊龍溫暖許久。

採訪筆記

特別門診時間

林俊龍離開美國，回到臺灣的第二天，就出現在靜思精舍的志工早會，後來每個週末清晨，他都會固定前往精舍。

那時，精舍大殿後的觀音殿還是浪板屋頂，大雨時轟轟然，得要十分專注聆聽。有時遇到特殊案例，或是對醫療處置有所不解，經由林俊龍的即時解說，以及法師的觀機逗教，往往能讓志工豁然開朗。

有醫療新知、院務脈動，也有事理圓融、慈智雙運的佛法交流，證嚴法師因而將志工早會稱為「特別門診時間」。

身為法師的入門弟子，林俊龍珍惜聞法因緣，也關心志工在慈院服務的情形，他深知，與志工緊密相連、與法師的精神理念合而為一，是慈濟醫療在專業之外，無可取代的基石。

大林雖然遠在臺灣西南部，但與花蓮的脈動卻是緊密的。啟業前，他堅持每天早晨汲取法水資糧，在大愛電視的支援下，成功接收到衛星訊號，從此克服時空屏障，每天與靜思精舍進行雙向互動的志工早會。

拜科技進步之賜，如今四大志業體、全球各地，都有同仁、志工透過網路連線參與，同時宏觀天下人、天下事。

有一次，菲律賓分會執行長李偉嵩遇到林俊龍，開心地說：「林院長，我真是幸運，每次我在早會分享時，剛好都遇到你分享。」那時李偉嵩不知道，大林慈院每週與精舍連線六天，林俊龍也一週分享六天。

啟業初期的大林慈院人文家風，是這樣被他帶動起來的。

回鄉行醫

口述——**簡瑞騰**（斗六慈濟醫院院長、大林慈濟醫院副院長）

身為大林農家土生土長的子弟，從小看著父母辛勤勞動的身影長大，他們為了供應子女更好的生活，再沈重的負荷都不怕，身上也烙下積勞成疾的痕跡。不僅我的父母，每個上一代的鄰居、親友，都是這樣走過來的，骨骼變形，痠痛隨行，幾乎是他們晚年無可倖免的宿命。

念書時我便心想，若是將來有機會考上醫學院，希望能成為骨科醫師，來日回到故鄉，照顧我的父母和鄉親。

一九九一年底，我為幾個月後的退伍展開謀職準備，參加臺大醫院及其建教合作醫院的住院醫師聯合招募，與臺大醫院骨科劉堂桂教授、慈濟醫院

骨科許世祥主任等人面談。

劉堂桂教授注意到我履歷表上的住址，「嘉義縣大林鎮」，大概是他們很少見的，隨即指了一條我意料之外的路：「你去慈濟醫院吧！在花蓮慈濟受訓完成後，將來就可以回故鄉服務。」

國中畢業後，我就北上求學，讀書之外，對農民和弱勢族群的關心從不止息。大學時期正好臺灣解嚴，多元的聲音得以被訴求、被聽見，我也將滿腔的熱血，投入在農民運動、學生運動中。

相對於社會運動的激昂，慈濟也在同時期，以寧靜溫和的方式影響社會。一九八八年，吳尊賢基金會舉辦幸福人生講座，邀請證嚴上人巡迴演講，場場爆滿，從報紙看到的一欄相關報導，是我對慈濟最初的印象，也是僅有的印象。

這次面試，是我第一次知道慈濟將在故鄉大林孕育醫院的消息，也是第一次與慈濟相關人士接觸。

許世祥主任似乎很期待我的加入，十二點面試結束後，繼續邀請我到後火車站的綠灣西餐廳敘談，「遊說」了三、四個小時。

當時陳英和院長在國外進修，花蓮慈院骨科人力吃緊，很需要新血輪的加入。許主任說了一句話，特別打動我：「你在臺大醫院只能跟大家一起照輪，沒機會開刀，但來花蓮，你可以從頭開到尾。」

雖然言下之意是花蓮慈院人手不充裕，醫師無法只專注於某個次專科領域，每個人都必須全能、統包，但喜歡實做的我心裏直呼：「這麼好！」

此外，花蓮慈院與臺大醫院有建教合作，我也有機會可以回臺大受訓，更重要的是，將來我能回到故鄉服務。一週後，我跑到花蓮看看慈濟醫院的模樣，慈濟緣分的開啟，既是誤打誤撞，也是不可思議。

當我回家對父母說，退伍將到花蓮慈院時，他們都很驚訝。因為家人從我口中第一次聽到大林慈院的消息，而我也是在面試時才剛得知。

然而建院還只是個模糊的影子，一九九一年，嘉義地方人士仍在為土地奔走，後來歷經三百次協調會議，解決了土地問題，直到一九九六年才動土。

誰也沒想到，我會選擇住院醫師的非主流志願，隻身跑到花蓮受訓。期間又遇到院內多位主治醫師同時離職，對醫院造成不小的衝擊，加上大林建院一直沒有消息，年輕的我心情不免有時跌宕浮沈。

好在，花蓮慈院的骨科醫師們，不但技術一流，也對晚輩照顧有加，只要年輕人肯學、肯做，前輩們就用心教。那些冀盼早日回故鄉的日子裏，我也在忙忙碌碌的臨床工作中，漸漸扎穩功夫，在骨科路上愈走愈穩健。

一九九五年七月，聽說一位在美國當過院長的心臟內科醫師，回來花蓮慈院擔任副院長，心想怎麼會有這樣一位人物？畢竟這種資歷在當時很少見。

骨科手術最怕年長者心臟有問題，經常需要會診心臟內科醫師，林俊龍副院長也親自接受會診。他身材高大，臨床處置說一不二，果決明斷，讓人不由得敬重他的專業權威。

然而他臉上又總是掛著笑容，面對嚴重度高，預後令人憂心的病人，卻彷彿能四兩撥千金，把思考化繁為簡，讓人感受到美式行醫風格的不同。

完成住院醫師訓練後，陳英和院長為了讓我得到更豐富的歷練，鼓勵我去竹山秀傳醫院服務兩年。他的考量主要有二：野外求生、加速長大。

他說，鳥兒要離巢飛翔，羽翼才會硬，懂得野外求生，才能飛得愈高愈遠。將來去到全新的大林慈院後，不再有老師可依賴，遇到疑難雜症時，要自己找資料、想辦法，自己解決一切問題，因此離開師長才能快快長大。

此外，竹山與大林地緣較近，有助於我建立基礎，將來不至於一切從零開始，這也是陳院長對我的細心考量。

竹山兩年後，我又回花蓮擔任研究醫師一年，同時協助大林慈院骨科的建置規畫，直到二〇〇〇年七月，大林慈院開放醫療服務，我才終於回到魂牽夢縈的家鄉。

從中學起離鄉背井求學，就是為了有朝一日能返鄉行醫，兩個女兒的名字「怡嘉、意林」，都乘載了我對嘉義大林故鄉的牽掛，兜兜轉轉二十年過去，願望終於實現。

但真正回來後，卻有著近鄉情怯，又愛又怕的心情。怕的是，人人都是ＶＩＰ。每一位病人都可能是親戚、鄰居、長輩的熟人，生怕應對時有任何差池，父母馬上就會接到投訴。這分巨大的壓力也是愛的負擔，讓我無法鬆懈，時時提醒著自己做到盡善盡美，永遠保持進步。

愛的是，每一位鄉親的草根和親切，有時在診間打電腦時，病人會突然說：「沒看過醫師的手這麼大！」我會說，「我和你們一樣呀，從小作息（務農）長大，我也養雞、割竹筍。」

我常常和他們比手掌大小，當彼此手心相對時，醫病變得沒有距離。

在執行長的帶領下，大林的醫療團隊不止精進於醫療，也做了許多貼近鄉親和土地的活動，比如，去環保站做資源分類。一開始，父母不是很了解：「當到醫師的人，怎麼還要去做回收？」

我帶著他們一起到環保教育站，他們看見院長、副院長和其他醫師都帶頭在做，也從善如流。後來，不用我去邀請，他們自己就成為環保志工的一分子，樂在其中。

執行長也帶著同仁去幫弱勢家庭打掃，有一次，對象是我老家村裏的居民。村人普遍認為他過去好吃懶作、行為不檢點，今日才會自作自受，不解為何要幫他打掃。

隨著來慈濟醫院服務日久，勇往直前行善，已然成為一種思維習慣，看見眼前有苦有難，就給予及時的幫助，哪怕只是讓他感受暫時的溫暖也好，不求未來有所回報。就如今日俄烏戰爭下，人民受苦，若因政治立場瞻前顧後，就會失去人道救援的本懷，最後什麼行動也做不了。

執行長面對各種疑問，總是樂觀地帶著我們「做就對了」。大林啟業，在人力、物力、地緣環境的劣勢之下，他領著大家乘風破浪；有高大的他在前面擋住風雨，我們就在後頭認真地跟、努力地學。

二〇一九年斗六門診部升格醫院，軟硬體、內外部有重重關卡需要克服，過程中，也有些同仁傾向萬事齊備再前進，但我想，與其曠日廢時地琢磨，不如把握因緣做該做的事，邊走邊整隊。

執行長找我承擔斗六慈院院長時，我一時反應不過來，雖然進入大林慈院院長室多年，但多著重於臨床、品管領域，對醫院的經營管理並不熟悉，他卻鼓勵我去接受一番歷練。「大林的副院長跟斗六的院長，肯定會有不一樣的歷練，你會學到很多當醫師以外的事情！」

一臉笑意的他，爽朗地在我的大腿上重重拍了一下，我深記在心。

家一樣的醫院

口述——**陳金城**（大林慈濟醫院副院長、神經外科主任）

大林慈濟醫院啟業後不久的某一天，我接到林俊龍院長的電話。

「陳醫師，我這裏有一位腦出血的病人，需要你來看一下。」

趕到急診室後，我立即檢視病人的電腦斷層掃瞄影像，發現他罹患的是慢性硬腦膜下出血，經過手術和治療後，病人順利出院返家。

顱內出血是神經外科很常見的病症，我處理起來沒有懸念，但那天心中卻有個疑問：「怎麼會是院長在急診室值班？」

啟業時期，急診人力不足，而各醫療科也是自顧不暇，他體恤第一線人員的辛苦，親自下來貼班，讓當時的我心中留下一個印象：這樣的院長不簡單，非常難得。

他本身專業為心臟內科，卻不因顧慮急診病人的複雜性而裹足不前，心寬念純做該做的事，親自值班、親自打電話照會醫師。有他一馬當先帶頭做，各科醫師不再推辭，一起到急診幫忙值班，共體時艱。

林俊龍執行長是內科醫師，但個性開朗樂觀，簡守信院長是外科醫師，思考卻細膩周密，他們都是會為同仁設身處地著想的主管，都少見的典範人物，田中央的醫院在他們相輔相成的帶領下，不斷開創出新格局。

我從小在嘉義民雄長大，在臺大擔任住院醫師時，就聽家人提起慈濟將在大林建醫院的消息，不過，當時對這家醫院沒什麼概念，自然不會列為未來就職的選項。

後來，是花蓮慈院的林俊龍副院長，到臺大醫院找我的師長們求才，因緣際會下，我成為大林慈院的一分子。

一九九九年五月一日，我在第六年住院醫師受訓結束前，前往花蓮與上人、林碧玉副總及相關主管面談。林副總問我：要怎麼把醫院經營成家？

坦白說，對一個年輕住院醫師而言，這是個很難想像的問題。我只是盡心、專注於臨床能力，希望讓病人得到最好的治療成果。但那也讓我了解到，大林慈院將有一個不同於其他醫院的設定：像一個家。

一年後，大林慈院啟業，起初醫師不多，加上外科系大多出自臺大同門師兄弟，彼此很親切。

與其他醫院職場文化大相逕庭的是，醫師們的互動關係很真誠，不會爭地位、爭地盤，有事會相互協調、彼此禮讓；主管們也很關心、體恤同仁，甚至犧牲自己的權益，來成就其他醫師，當我日後成為醫院主管時，也學習他們以身作則的精神。

同仁們都住宿舍，下班後回到一個共同的家，感情很容易凝聚。記得當年魏昌國醫師的女兒出生時，幾位醫師一起到他家抱孩子，溫馨的情景彷如昨日；轉眼間，那孩子已是即將踏入臨床的醫學生了。

啟業後，神經外科只有我一位醫師，每當週末假日，尤其三更半夜，其他醫院往往因人手不足而無法接收急診病人，但只要聯繫到大林慈院，我便盡全力承擔。當時臺灣的急診救護體系制度還不健全，救護車送來的病人，從彰化到高雄都有。

偏鄉醫院人才招募不易，我也曾向多位臺大神經外科學弟招手，但總在彼此相談甚歡後不久，他們就因醫院太偏僻而退縮。

過去在臺大的訓練下，從沒有過能有一天不值班、讓病人找不到醫師的念頭，因此在大林，對於每天值班，我亦未多想，只是為了爭取搶救時間，從不敢離開醫院太遠，這樣的日子持續超過四年半。現在想想，不知道那時如何走過來的。

支撐一個家最重要的，是阿爸和阿母。大林有「阿龍爸」、「林媽媽」，他們真的把醫院經營成家的樣子。有一天，執行長叫我下班後去他家，我心想有什麼事情要談？結果他只是跟我分享家裏的橘子。

到大林服務至今二十多年來，我救治過五千多名腦、脊椎患者的生命。每個醫師在行醫路上，難免遇到病人治療結果不如預期，若是家屬無法諒解，就演變成醫療糾紛，過程一纏好幾年，對彼此都造成折磨。

一個抱持善意、盡力搶救病人的醫師，變成刑事案件被告人，即使最終法院判決無罪，也是難以承受之重。

長年的訓練讓我特別擅長一件事：忍耐。只是當時年輕的的我，獨自落入醫糾的泥淖中，心情低迷，在對執行長說出口之後，他表現出積極關心的態度，立即請簡院長幫忙一起關心。

在他們的關切下，醫院建立起處理爭議事件的制度，陪伴醫師度過這段煎熬的歷程。而對我來說，有他們的關心便已足夠。

執行長真誠無私，也勇於用行動改變社會。

為了建立更好的運作制度，合理分配資源，他曾承擔嘉義縣醫師公會理事長，並帶動縣內醫師們一起參與往診，重視社區衛教。

當上人關心全球災難，呼籲慈濟人凝聚愛心力量時，他穿著白袍上街頭募款，那是打著燈籠也找不著的事情。他號召同仁一起動起來，學習以天下為己任。有他的帶動，過去不尋常的事情，都變成有意義的日常。

執行長的觀念也很新穎，當企業界出現BSC（平衡計分卡）等又新又好用的工具時，他帶著主管從讀書會開始學習導入。他以美式風格帶領臺灣醫院，同時又深具慈濟涵養，讓大林的醫療人文獨樹一幟。

大林慈院是最早帶著醫護同仁走入貧病家中，幫病人打掃、往診的醫院，一年四季有各種不同活動，路跑、舞獅舞龍、龍舟賽、插秧等，讓人興味無窮，還會拉牛車、挑扁擔、歌舞戲劇……多元百變，讓冰冷的醫療形象變得有趣活潑。

過程中，林媽媽幫忙「箍」住大家的心，她逢人總是笑瞇瞇，叫得出每一位醫師、醫師家眷的名字；同仁家裏發生大小事時，也會找她訴說。這樣的媽媽，很難再找到第二個。

讓每個人成為神隊友

口述——林庭光（大林慈濟醫院院長室醫務祕書、心臟內科主任）

「院長，這裏做不下去了，導管通不過。」

當導管室裏的年輕醫師，向一旁控制室的林俊龍院長發出求助訊號時，抬頭一看卻不見他的蹤影。

「院長已經去刷手了。」技術員回應。

很快地，穿好全套裝備的他出現在導管室裏，接手將病人心血管打通。

在林俊龍執行長擔任院長期間，每一位新到任的心臟內科主治醫師，都會發出一樣的心聲——感受到院長的高度信任和全然尊重。

他的臨床經驗豐富，專業能力好，許多病人慕名而來求診，但當病人需要心導管治療時，他卻願意交給我們來執行，並且全程在控制室關注著，一旦預知有狀況發生，他便立即跳下來給予協助，即使過程稍有不順，也不曾責備。

二十多年前，我們這一群來自四面八方的主治醫師，在他風格獨特的帶領下，快速凝聚成一個堅強純熟的團隊，現在，我們也延續這樣的模式，繼續帶領著年輕醫師。

在大林慈院，心臟內科是一個團隊，我會對病人做出品質的承諾，與此同時，年輕醫師並非單打獨鬥，他會在我的陪伴下，完成心導管檢查。過程中，年輕醫師可以快速累積經驗和成就感，病人數也會被帶動上來，不必為收入而產生後顧之憂，只要用心精進於技術成長；隨著經驗累積，資深醫師接手治療的機會愈來愈少，這樣的模式便是執行長所樹立起來的。

他讓病人知道，每一位醫師都值得信任，日後回診不只可以找他，也可以找檢查醫師，他更建立起一個隨時可以互助、補位的菁英團隊。

在參與他的病人照護時，也能感受到他無私的給予。他聆聽並且尊重我們的判斷，也會提供一些美式照護觀念，那是過去在教科書上與醫學中心訓練時所沒有學習到的。

舉例來說，某些教科書上不採用的藥物，他會基於病人的年齡、症狀、其他慢性病等綜合考量而斟酌調配，他的分析觀點總是說服了我們，並且從超乎想像的治療成效中，得到印證。

每當有機會幫他代診時，總能從他開立的處方中，學習各種藥品、劑量、服藥頻率搭配背後的思考，漸漸地調整出自己的用藥風格。在大林共事那八年間，彷彿他長年的經驗，直接傳承到我們身上，得到很大的成長。

對於主管的信任，同仁也要有所回應，倘若始終無法符合他的期待，他亦不責難，但當看到他親身投入去做時，便要有所反省。

啟業初期，急診醫師人手不足，他親自投入值班後，讓全院醫師心服口服，一起加入值班行列。啟業後幾年，腎臟內科醫師因業務量大而離職，在等待新手穩定的困難時期，他親自去照顧洗腎室，讓其他醫師也願意一起跟著投入。

他的思考是前瞻、具未來性的，從來不是著眼於近程的服務量和收入；縱使人力、資源不足，也不會束手無策，相反地，還總能走出一條大路。

大林慈院建設在田中央，他卻從一開始就以醫學中心的格局來經營，除了重視臨床品質，也同步進行教學和研究。

當時大林缺少研究資源，他帶著醫師群主動拜訪鄰近的國立中正大學，簽訂合作備忘錄，其中與心臟科相關，持續長達二十年的心臟心理學研究，成果已寫入心理學教科書。他所帶領的學術風氣，不只專注於醫療科的特定範疇，更是一種以人為本的研究，諸如素食、環境友善、心理等人文議題，在醫界十分獨特。

草創之路雖然難行，但他方向明確，帶著大家步步能行，他的言傳與身教讓同仁樂於跟隨。

心臟內科時常要面臨挑戰，一有危急病人，不分晨昏深夜，醫師必須盡最大心力來搶救。醫師怕的不是病人多、工作辛苦，而是病人的生命在自己的手中流逝，然而心臟生理變化快速，每個醫師必然都會經歷死亡案例的衝擊，尤其年輕醫師，不免感到無能為力而陷入憂鬱，下次面對相似案例時，便會膽戰心驚。

科內的個案學術討論會，是醫師反躬自省的時間，每個人敞開心門，探討死亡或成功案例背後的反思，坦然面對個人的不足，樂於接納他人的意見，而不會看到各自防衛、相互爭執的場面。

這便是執行長所建立的風氣，善意和開放的態度，讓無論資深或後進醫師都得到學習，促進團隊共識，對個人而言，只要再次累積成功經驗，就能幫助彼此走出憂鬱，提升素質。

他參與的會議非常多，且非常認真，時常看似在閉目養神，但每當請他評論時，總能直擊重點，興致勃勃得令人歎服。

如今年近八十歲的他，依然保持樂觀開朗，精神奕奕，對於超出醫學專業之外的事務，也能條理分明地做分析，他究竟是如何做到的？這對我來說，永遠是個令人好奇的祕密。

記得啟業前，來大林慈院與執行長面談時，醫院內部還在施工中，對於設備和空間規畫，他給予我們參與意見的機會，儘管彼此還不熟悉，但他不僅欣然接受，還效率極高地修改了設計，讓人印象深刻。擇善固執的他，也是個能察納雅言且勇於做出改變的人。

一點浩然氣 千里快哉風

卷　三

醫院中的田園生活

清晨四點，微弱的光線訊息穿透公雞眼皮，到達腦中的松果腺，提示嶄新一天的到來，牠們便開始發出興奮的啼叫。被公雞叫醒，幾乎是每個住宿舍同仁共有過的經驗，雖然大林慈院宿舍是規畫完善的大樓型社區，但望眼四周，都是低矮的竹林、稻田和紅磚瓦厝，還有些許的雞舍和豬舍。

在這樣的環境工作，若是不只看機能不足和偏僻，而能時常走出建築物與大自然互動，也算是一件幸福不過的事情。「以院為家」的田園家園夢，在幾個單位同仁的通力合作下，實現了出來。醫院空地開墾成一畦畦菜園，開放同仁認養，自己耕種自己吃；農閒時，大手牽小手，一起來焢窯。另外，醫院裏還提供免費的共享單車，讓同仁和眷屬慢享小鎮生活。

林俊龍是個經常有突發奇想的人，而對於同仁的突發奇想，只要對醫院有益，他也都是大力支持的。菜園的概念，最初來自簡守信副院長，當時醫院空曠地還經常沙塵彌漫，開闢成菜園、農場後，漸漸展露生機，在被夕陽暈染成紅色的天空下，下班後的同仁、病友取水澆菜，自在而愜意。

他們的田園醫療生活構想，還不只這樣。這天清晨，林俊龍、簡守信帶著醫師、同仁們到環保站做完資源分類後，一起來到醫院旁的田地。

再過幾天就是農曆年了，醫院周邊田地處處可見農民打田、引水、插秧、巡田的辛勤身影。大林慈院也向附近農民承租了土地，嘗試耕種，平時穿白袍、打領帶的醫師們，頭戴斗笠、褲管捲起，有模有樣地向老農學插秧。

「這是經過農事研究的，每次大約插六根秧苗是最剛好的，太多容易得病，太少就可惜了。秧苗插下去，不要東倒西歪沈在水裏，站得穩就會活了！」一種田五十多年的老農仔細地教，大家也就認真地聽。

「哇！這麼深！」腳一陷下去就沒有轉圜的空間，泥巴淹到小腿肚上了。

林俊龍擔心田裏潛藏鉤端螺旋體的風險，堅持穿著「青蛙裝」下田，但防滑鞋底在田裏反而變得寸步難行，「現在才體會什麼叫做身陷泥沼……」大家你一言我一句地發出驚呼聲。

骨科主任簡瑞騰雖出身農家，但家裏田地使用機具插秧已二、三十年，他特地帶著父母、妻子、女兒，一家三代一起來回味與體驗人工插秧。

「還是開刀卡快活！」簡瑞騰開玩笑地說。雖然開刀動輒要好幾個小時，常得持續低頭彎腰，不過相較於插秧的體力負荷，開刀顯然變得輕鬆。

骨科診間裏，大多是因駝背、骨刺、退化性關節炎來求診的老人家，今天的插秧活動讓醫師們對鄉親的辛勞，有了更刻骨的體會。

和鄉親同在一起，這也是醫院開闢這片田地的期待之一。

大林慈院大愛農場連續幾年的插秧、施肥、搴草、收割活動，花樣百出，成為很受歡迎的親子體驗活動。許多同仁留著農家子弟的血液，但卻不擅農耕，透過這些活動，讓他們和子女重新找回了與這片土地的連結。

早年農事倚賴大量人工，農忙時期，村人之間會相互幫忙，工作半晌，就會有人挑著扁擔送來鹹飯、湯品等慰勞大家，人情味濃郁的「挑飯擔」場景，在臺灣愈來愈少見。林俊龍也復刻了這個農村習俗，挑著筍粥和綠豆湯來到田邊，同仁和孩子們一邊休息，一邊聽當地老人家述說古早生活。田中央醫療生活，可以忙得很認真，也可以玩得很盡興，樂樂陶陶。

大林慈院七周年院慶運動會，啦啦隊競賽中的一幕——蹦開的巨大桃子中，一個美麗的仙子，悄然誕生。她蜷曲的身子舒展開來後，身上的彩帶靈動飄揚，她也隨之翩然起舞。舞者是護理部主任呂欣茹的女兒，道具和服裝都是親自張羅設計。

其他隊伍也不遑多讓，行政單位用回收寶特瓶做成彩帽和風車，臺南志工挑著扁擔進場；最老的隊伍來自社區「健康柑仔店」的老人家們，最年幼的一群莫過於大愛幼兒園的小朋友們，從老到幼，從院內到社區，數百人聚集在一起又跳又叫。

這年運動會的拔河比賽中，天空下起了滂沱大雨，林俊龍指著風吹動烏雲卻說：「很快就會放晴了！」他的樂觀讓大家風雨生信心，雨中拔河的嘶喊，成為日後同仁心中難忘的記憶。

林俊龍帶領下的大林慈院，創意活動特別多，每年院慶除了運動會，還有路跑、手語和戲劇比賽、醫療品質和服務成果的發表活動，舉辦龍舟賽也是一絕。他發現東石港附近的龍舟，每年只在端午節派上用場，未免有些可惜，於是結合當地社區舉辦院慶龍舟賽，派車讓同仁前往練習。參賽人數雖有限制，但加油吶喊的啦啦隊，卻造成參與盛況空前。

這點點滴滴，都是早已醞釀在他心中的「同仁健康促進」的一環。

每一次活動，每一支隊伍，都是由跨單位同仁組成。最難的不是那些道具和橋段設計，而是如何聚集不同單位、不同班別的成員團練，克服萬難後，堆疊起的革命情感，一次又一次凝聚、加固同仁的向心力，成為大家心中難以再被複製的美好印記。

採訪筆記

生態醫院

大林慈院院區內有環保教育站、有菜園，也有樹林，在昆蟲、蛙類的交配繁殖期，夜晚特別熱鬧。

夏夜晚上八點多，同仁在生態導覽員的帶領下，往人煙稀少的院區樹林探索，紅脈熊蟬、獨角仙、金龜子、長喙天蛾、螢火蟲、黑眶蟾蜍、小雨蛙、諸羅樹蛙……小動物們一一躍入眼前。而這位導覽員，也是在醫院服務的同仁之一。

林俊龍院長和簡守信副院長，雖然都在北部都會成長，卻特別會幫同仁「找樂子」。有這樣的火車頭，同仁們也樂於發揮創意，下班後的田中央醫院，不再無聊到只能打蚊子，這裏的一切變得如此特別。

從每一念心開始做起

二〇〇一年，有著重大災難的一年。

七月三十日，桃芝颱風重創花蓮與中部山區，上百人死亡與失蹤。顧不得道路泥濘，副院長簡守信率領醫療團隊跋涉進入南投山區，為受災居民提供義診服務；由風溼免疫科主任賴寧生主持的親子鑑定實驗室，則提供免費的ＤＮＡ鑑定服務，幫助那些難以辨識特徵的往生者配對尋親，早日回家。

時值大林慈院啟業屆滿一周年，全院上下早已籌畫了一系列活動，林俊龍決定改為以實際行動為災區祈福。林媽媽帶著一群同仁連夜趕製拼布百衲被、小壽桃吊飾，投入義賣和祈福音樂會，為受傷的土地，凝聚膚慰力量。

九月中旬，納莉颱風再度釀災，大林慈院附近低窪村落因溪水潰堤淹水至二樓高，居民受困一天一夜。同仁和志工當天就準備了八百份便當送災區，林俊龍帶著醫護同仁設立醫療站，協助居民打掃、復建家園。

自大林慈院啟業以後，社區志工有了凝聚力量的據點，每逢鄰近地區傳出淹水災情，都會自動湧進醫院，協助烹飪、打包熱食送往災區，大水退去，又進一步號召同仁協助家園打掃，不只守護來院患者，也擔起法師期許的「守護生命磐石」的使命。

九月十一日，美國遭遇飛機脅持攻擊事件，世界局勢動盪不安。證嚴法師有感「驚世的災難，應有警世的覺悟」，十月十三日啟動全球「愛灑人間」運動。林俊龍和洪琇美身為法師的皈依弟子，自然而然身體力行。對內全院走透透，舉辦一場場小型愛灑人間祈福會，對外則走入社區家訪傳愛。

大地受毀傷，他們要集合更多人並肩而行，成為愛與祝福的傳遞者。如何做，才能真正帶動出那一分精神，並成為日常？

慈濟克難的「竹筒歲月」已過去三十多年，儘管時空變異，但林俊龍用小行動，讓那分源頭精神在院內延續。

設置在每個護理站的投幣箱，使得許多同仁每天上班前的第一個動作，是投下一個銅板，發出一分祝福。

考慮到有些病人、家屬身上一時沒有零錢，一旁還貼心地放置了一盒十元硬幣，人人都能自在地取一枚硬幣投入。院內很少人知道，這些銅板出自林俊龍的口袋，他將一疊疊鈔票化整為零，默默分送到各護理站，讓它們啟動出更多的愛與祝福。

竹筒歲月的力量之所以大，關鍵在於行善的恆毅力。因此，他要募集的不是人們偶爾或每月一次捐款，而是「善念日日生」，每天都起一念善心、行一分善行。

有一回來到內科加護病房，發現護理站少了投幣箱，林俊龍便對護理長陳妙文說：「你們在這裏放一個竹筒，我去換一些硬幣，你們來上班就投竹筒，發一分心。」

陳妙文立刻回應：「院長沒問題，硬幣我們可以自己處理，投滿了就拿去捐。」院內接著有許多「無名氏」自動加入這場拋磚引玉的愛的接力，用更多有形的小銅板，換取無形的小祝福。

從偶然起一念善，到日日起善念，時時利益眾生，投零錢捐款的動作漸漸內化成許多人日常生活中的一部分。

他時常勉勵同仁，珍惜在慈濟服務的因緣，因為同仁不但能有機會成為助人者，還能引導他人一起來助人。

阿龍爸和林媽媽對同仁的帶動是「自作教他」。不但自己付出，也以大家能接受的方式，啟動別人來投入，背後有著他們對人性的深深信任和祝福。

在他們的引領下，同仁不但精進專業，發揮醫療良能，也懂得在人們受災苦時，張開雙臂成為安穩樂處。

聖雄甘地曾說：「你必須成為你在世界上想看見的那個改變。」

大同世界的理想，也就是從每一念清淨心開始做起的。

採訪筆記

徹底地利他

林俊龍對於期望同仁前進的方向，不用指的，不用說的，而是做在同仁前面，甚至做得不著痕跡，讓同仁以為這是他們自己做的。其中無數次為同仁、病人掏腰包，他們都渾然不知。

此外，他經常將自己的病人，交給科內其他醫師來執行心導管檢查，並全程陪同醫療過程。亦即，他花的時間沒有減少，卻幫助了其他醫師累積經驗和聲望。「一個人好沒有用，一個人做不了所有事。我不能一枝獨秀，我要全科一起好。」

心導管是心臟內科醫師的主要臨床收入來源，他另一個實際考量，是將自己的服務量和收入分享給其他醫師。「全科有一半是我的病人，其他醫師豈不就要喝西北風了？這樣他們很快會離開。」

或許有些人以為，院長待遇優厚，足以讓他高枕無憂而不需計較臨床收入，然而實際上，他的收入卻是科內醫師墊底的。

林俊龍夫婦以志工心做職工事，徹底力行利他精神，也用父母心在照顧同仁，無私地給予、無盡地支持，讓同仁安心、無憂地成長。

與獨老圍爐

「是誰回來了？是阿春嗎？阿春？」

因嚴重白內障而喪失雙眼視力的老阿嬤，意識到家裏有了動靜，直覺地喊出朝思暮想的名字——阿春——她的女兒。

一位女孩走到她身邊，伸出柔軟的雙手讓阿嬤握住。她不是阿春，是大林慈濟醫院的同仁，跟著林俊龍院長、副院長們，和一群志願參與的同仁、社區志工而來。

那是一個美麗的農村社區，路面上有色彩斑斕的蝴蝶彩繪，家家戶戶都以花卉植栽布置門庭，整潔別致而古意盎然。阿嬤住在其中一戶破舊的紅磚老厝裏。

屋瓦坍塌剝落，室內的木板床被白蟻嚴重蛀蝕，結構岌岌可危。潮溼的被褥已然發黑，與一坨坨如醃漬菜般的冬夏衣褲堆在一起，這是她夜晚就寢的地方。

失明加上極重度的重聽，除了靠觸摸以外，她與外界幾乎失去溝通能力，而與陳年的塵垢、腐壞的食物，和蟑螂蜘蛛生活在一起。屋後雖有一個舊式茅坑，但她只能摸著牆壁，到屋前的空地隨地大小便。

在社區照顧關懷體系尚未成形的時代，人口老化的雲嘉鄉間，處處可見這樣需要關懷的獨居老人。

事實上，阿嬤並非獨居。擁有大學學歷的兒子，因投資失利而頹廢喪志，自我封閉，不再與外界互動，直到村長通報慈濟人前往關懷。

經過持續訪視，取得信任與同意後，志工陸續為他們整修屋頂、衛浴，添購新的廚具設備和鍋碗瓢盆、重新配置水電管線，幫助兒子重起爐灶。

感受到慈濟人的善意與鼓勵，兒子決心走出家門，重回久違的職場，白天留阿嬤獨自在家。

農曆年前，大林慈院同仁一起來打掃，讓他們清爽舒適地過新年。林俊龍看見陳年堆置的物品，二話不說動手清理，一時間塵頭大起，深藍色外套立刻變得一身土黃，同仁們見狀也即刻投入，有默契地分工合作。

看見家門前地面凹凸不平，林俊龍擔心阿嬤走路會跌倒，要設法將它鋪平。村長聞言趕緊從自家扛來水泥，整平了地面，還動員村人來幫忙，幫阿嬤重釘木板床，讓她從今以後高枕無憂。

護理同仁幫阿嬤清洗蓬亂的頭髮，但擠了好幾次洗髮乳，卻打不出泡沫，只能擠出灰黑色的汙水。幾經「奮鬥」，終於讓她香噴噴地走出浴室，經過志工的修剪，恢復神清氣爽。

人身如此，更遑論家中陳年的油垢。感到舒服而慵懶的阿嬤，坐在客廳裏發呆，發現有人湊近她耳邊說話，但因幾乎完全聽不到，只能沈浸在自己的世界裏，兀自說著陳年往事：「我兩歲時就失去生母，後母對我很苛……」

洪琇美緊緊握著阿嬤的手，儘管兩人雞同鴨講，但這卻是她漫漫人生時間中，難得有人願意聽她說話的時候。

一般醫院裏，院慶、醫師節等醫護相關紀念日，是以慶祝會或是獎勵發放的形式來度過，但在慈濟醫療體系，經常會看到醫護同仁們與志工一同走出醫院，協助無力清掃家園的弱勢家庭打掃環境、訪視關懷。

醫護紀念日的來由，大多是以歷史人物或重大事件為師，因此更值得細懷與感恩。走出白色巨塔關懷他人，背後有著提醒大家回歸行醫初心的意義。

自證嚴法師創辦慈濟以來，就經常可見志工們合力為個案環境修繕、打掃、理髮、沐浴等情景，然而忙碌的醫療人員走出醫院關懷病人和弱勢家庭，還是林俊龍來到大林慈院後，才真正帶動起來的。

「快過年了，我們帶同仁去跟附近的獨居老人圍爐吧！」

大林慈院啟業第二年，他向人文室同仁提出構想。他希望醫療同仁不是只坐在診間、檢查室等待病人上門，而能主動走入社區，付出關懷。

洪琇美以志工身分穿梭在醫院各角落，是他落實人文醫療理想的最佳助手。她與人文室同仁拜訪社區耆老，探訪獨居老人的所在。

鄉下人家重視年節，別人過年歡天喜地，獨居老人就特別地落寞。林俊龍和洪琇美準備了紅包、春聯和禮物，帶著同仁關懷火車站周遭的獨居老人，還準備了一桌豐盛年菜，鄰居也跑來幫忙，寧靜的巷弄變得暖烘烘，溫暖了整個寒流午後。

而在另一個鄉下聚落，成排的老舊磚瓦房裏，住了好幾戶低收入戶和獨居老人，經由社區志工的提報後，林俊龍再度邀約同仁前往關懷。

洪琇美先是帶著同仁到附近洗菜、備餐，準備中午圍爐的火鍋，幾位醫師帶著小孩一起來參與，讓老人家看得開心不已。

不到兩個小時，一桌桌佳餚準備妥當，幾位老人家開心地拉著手聊天，這一天，是他們近年來度過最熱鬧的年。

其中一戶小屋裏，住了一位特立獨行的中年女子，家中停水停電，陰暗潮溼，靠別人給的剩菜剩飯過生活，經常將撿來的東西往家裏塞。

她不但長年沒有盥洗沐浴，尿盆也總是積滿了才往外倒，垃圾和蟲鼠一窩，家裏氣味十分複雜，隔壁八十一歲阿嬤不排斥鄰居怪異，還經常煮飯菜給她，照顧這位女士。

圍爐過後，林俊龍臨時起意，並徵得同意，請人至附近商店採買口罩、手套和工具，藉著人多力量大，一起幫這位婦人打掃。從婦人家中清出一屋子的陳年垃圾和破銅爛鐵，空氣流通後，室內變得清爽許多。

儘管打掃後與她約法三章，維持住家環境整潔，但改善一個人的行為模式並不容易，不到半年後，洪琇美又帶著同仁一起為她打掃，一次又一次耐心地教她如何打理自己。

難免有人認為，那些好手好腳卻不事生產的人，不值得幫助，但林俊龍只關心到環境髒亂有害身心健康；一人出一點力量，不但能改善個案的居住空間，對周遭鄰居也有好處。

他希望，醫院的功能不只局限在四面牆壁裏，而要走入社區；醫療的方式也不是只有給藥和開刀，而能從身心靈不同層次給予關懷。

「如果一個人在餓肚子，那最好的藥不是藥，而是食物。他的環境髒了，你就去打掃；他缺乏陪伴，我們就去關懷；他還沒生病，我們就去提醒，這是最好的疾病預防。」

醫院啟業前，數以萬計志工們來幫忙院區鋪磚、刷地、清洗灰塵；醫院啟業後，同仁也師法志工精神，協助社區需要的人整理環境。也因一次又一次地走入社區，才更了解社會不同角落的需要，讓人文關懷成為日常。

「醫療如果只有看病、給藥，就太狹隘了。」林俊龍認為，醫師無法做到所有的事情，卻也能做很多事。「醫師再高明也改變不了病人的自然法則，但可以延緩疾病的發生，讓病人不那麼痛苦。」

帶著同仁關懷社區個案，起心動念也就是這樣單純。「他有需要，而我們做得到，就去做。就是這麼簡單。」

採訪筆記

深根人文就是提升品質

曾有醫院評鑑委員問林俊龍，「你們做這麼多人文活動，對醫院不會造成影響嗎？」言下之意是認為投入醫療之外的工作，會使得同仁能量分散，無法兼顧醫療品質。

然而各項客觀成果數據，可以證明醫療品質與成效，林俊龍自信回答：「有啊，變得更好。」

走出院外，看到病人的環境和家庭，會更理解疾病背後的故事，而更懂得同理與耐心；走出院外，在克難的環境下提供服務，會更珍惜醫院便利的團隊、設備和環境；走出院外，與社區和國際產生連結，而能謙虛與感恩，哪裏有需要，就往哪裏去，追求共好與卓越。

聽見山裏的心跳聲

「阿公，您好！」林俊龍笑瞇瞇地對前來求診的病患打招呼，但年近八十的葉阿公盯著醫師，卻一臉茫然，吞吞吐吐地回應：「呃……您好！」

「您有哪裏不舒服，可以大聲跟院長講。」經過一旁林繁幸醫師的說明和協助，像上學堂般正襟危坐的阿公這才回神過來。

二〇〇五年，大林慈濟醫院首次啟用對大埔醫療站的視訊會診，世居山林的鄉親得到了一種新奇的看診體驗。

看見自己出現在電視螢幕裏，醫師還能「隔空開藥」，阿公不好意思說出滿腹的驚訝，直到看診結束後，才靦腆地對當地同仁說：「現在還有這樣的服務喔？電視也能看診喔？我活這麼老，這種看診方式還是頭一次咯！」

大埔鄉位於嘉義縣最南隅，青山秀麗，綠水旖旎，是曾文水庫的故鄉，但卻成為當地經濟發展的限制，聚落分散、對外交通不便，全鄉沒有開業醫進駐，而衛生所主任更是從一九九六年持續懸缺，是不折不扣的「無醫鄉」。

由於下山一趟大不易，小毛病與慢性病，往往習慣忍一忍就過去，急症發作時，也得蜿蜒將近兩個小時的山路，才能到達「距離最近」的醫院。

「小病忍，大病滾」，是大埔鄉親面對病痛的真實寫照。雖然與所有公民繳交一樣的健保費，當地居民卻只能自嘲是醫療的二等公民。

大埔鄉人口約四千人，由於謀職不易、人口外流，實際居住不到兩千人。鄉民袁老先生說，六十年前山路尚未開發，居民看病必須「上山下嶺」走六個小時才抵達嘉義；道路開發後，也因地廣人稀，無法吸引開業醫師。

「幫我找衛生所主任吧！」大林慈院啟業第二年，嘉義縣衛生局長向林俊龍尋求支援。當時醫療與行政事務都在起步成長階段，自家人力尚且不足了，還要擔起大埔醫療談何容易？

但在了解當地長期的醫療困境後，林俊龍毅然決定扛起。延攬有意從臨床工作退休的林繁幸醫師上山駐診，假日則由大林慈院派遣醫師前往值班，此外，每週還有固定的牙科、中醫等診次。

醫師跑，病人不跑，是大林慈院對偏鄉居民的體貼。二〇〇二年起，大埔無醫村從此有了二十四小時、三百六十五天不打烊的醫療站。

大林與大埔直線距離約六十公里，實際上卻需蜿蜒一百多公里的山路才能抵達。醫療站提供的是一般科服務，當居民需要專科醫療照護時，仍需下山就診評估。

透過病歷統計，林俊龍找出居民需求較大的專科項目，進一步開闢了在當時十分創新的視訊會診服務。

透過電視看診，林俊龍詳細詢問患者的病史，大埔醫療站的醫師則配合指示，協助量血壓、量脈搏、觸診，將資訊提供，進一步調整慢性用藥處方，病人因省去奔波之苦，而提高了就診意願，露出燦爛的笑容。

二〇〇七年，大林慈院、嘉義縣衛生局結合慈濟人醫會，上山舉辦複合式篩檢暨義診活動，許多居民接受了生平的第一次健康檢查。

六十歲林女士因身體不適來健檢，林俊龍發現她的心血管已有阻塞現象，即時處置後，又安排下山治療，順利完成心導管手術。出院後，在兩地醫師的視訊會診照護下，獲得穩定的控制。

「林院長看診很親切，問診很仔細，雖然用的是視訊，但跟一般看診沒有差別。以前每次回診，要不斷轉乘公車，來回五個多小時，現在只要十分鐘就解決了，這對山上的病人實在是很大的福利！」

隨著通訊科技普及化，遠距學習、工作已成為趨勢，衛福部健保署在二〇二一年跨年前夕，才將遠距醫療納入健保給付範圍。但在十多年前，林俊龍不但用聽診器聽到眼前病人的心聲，也透過科技聽到一百公里以外的大埔人心聲，改寫了無醫鄉的命運。

採訪筆記

只有愛沒有距離

二〇二二年春，林俊龍歷經生死交關的手術，才剛甦醒過來，就在白板上寫出四件他在意的事情：「1素食、2花東福祉、3健康促進、4資訊。」其中，花東福祉，即與推動「遠距智慧醫療」有關。

花蓮與嘉義縣幅員廣大，但醫療資源分布不均，他擔任慈濟醫療志業執行長後，也因地制宜將遠距醫療服務延伸至花東偏鄉，包括視訊會診、以資通科技強化日照中心的品質。

花蓮慈院「健康福祉整合照護示範場域推動計畫」，結合雲端病歷、5G、無線傳輸技術，串接家戶歸戶系統、穿戴式裝置、視覺地理地圖，可以上傳生理狀況、提醒癌症篩檢等，範圍涵蓋花蓮和臺東十多個鄉鎮。

他們也推動在各村里訓練「健康守門人」，到家戶為長輩量血壓、血糖，再與醫院、衛生所、長照據點串連，建構家庭健康防護網。

偏鄉居民至市區醫院看診後，可以持續在鄰近地區診所、衛生所領藥，減少患者奔波。

目前，陸續有其他縣市來尋求合作，希望能成功複製此模式。林俊龍運用資訊開創新醫療模式，是希望能提升偏鄉居民的平均餘命，降低癌症死亡率，減少城鄉醫療資源不平等。病人永遠是他心心念念的牽掛。

擋在風險之前

二〇二〇年，新型冠狀病毒疫情全球大流行。兩年內，有五億多人受感染，六百多萬人死亡。

疫情初期，由於致死率特別高，世界各國出現前所未見的封城情況，臺灣直到二〇二一年變種病毒入侵，本土案例遽增，社區防疫全面升級。為了分散疫情熱區的醫療量能負荷，衛福部啟動「北病南送」，全臺各地醫院相繼設立專責病房，收治確診患者。

儘管已有十七年前的ＳＡＲＳ疫情經驗，世界各國也在一年內相繼開發出疫苗，但面對新興的病毒，仍讓人們感到焦躁與不安。

臺中慈濟醫院專責病房啟用當天，院長簡守信成為第一位專責病房的值班醫師，配合院內各種即時政策，安住同仁守住崗位的信念。他帶頭值班的舉措，激勵了第一線醫護人員的信心，也起了實質的示範作用。

當醫師投入專責病房，意味著他們必須停下原本的臨床工作，全心全意與病毒共舞；任務結束後，也須遵守隔離規定，不能立即回歸工作與家庭。因此，許多醫院往往只能調遣年輕醫師進入專責病房，但在臺中慈院，志願專責照護新冠肺炎患者的醫師，都是資深主治。

簡守信身為院長，在院務如麻的時刻，選擇走到第一線。因為，不論就管理協調、臨床照護、緊急應變，他都有豐富的實戰經驗，他相信院長能更有效協助前線人員，建構堅強的作戰資源。

深入照護現場，才能真的「苦病人之所苦，急醫護之所急」，給予最適切的協助。而更重要的是，以身作則。

其實，在他這次走進專責病房之前，早已有個身影走在他的前面，那是二〇〇三年臺灣ＳＡＲＳ疫情爆發時的林俊龍。

不同於現今資訊發達、防疫政策與配套措施明確，並有國際盟友提供及時的資訊交流，當年的ＳＡＲＳ使臺灣遭受巨大的衝擊與恐慌，十一位守護疫情前線的醫護人員殉職，在臺灣防疫史上寫下沈重的一頁。

萬無一失才上戰場

二〇〇三年四月二十四日，臺北市立和平醫院無預警封院。由於院內爆發群聚感染，全體醫護人員被召回院區，與來院病人、家屬、業務往來者一起進行封院隔離，臺灣ＳＡＲＳ疫情一夕升級。未知的病毒讓全臺人心惶惶，更遑論在沒有足夠的防疫資訊、配套措施與物力資源下，受隔離者的無助和驚懼。混亂的景象透過媒體不斷播送，加深了社會上隱匿、猜忌和對立的氛圍。五月一日，臺灣出現了第一位因照顧ＳＡＲＳ病患而殉職的護理師。

林俊龍召集院內相關單位，設立咳嗽、發燒篩檢站與隔離病房，收治雲嘉地區的疑似患者，確保病人和社區的安全。

在防疫會議中，林俊龍對同仁喊話：「只有院長可以進忠烈祠，你們通通不可以進忠烈祠。」清楚地宣示，他會站在團隊前面擋住風險，不會有任何一位同仁因照護患者而犧牲。

疫情資訊混亂，也無前例可循，沒有一家醫院知道該怎麼做。人心惶惶之際，林俊龍親自帶著團隊一起建構發燒病房。施做負壓空調設備預估需時一個月，緩不濟急，他臨機應變請工務室安裝抽風扇，一天之內解決了硬體問題，經過測試，確實達到負壓效果。

兩層鞋套、四層手套，面罩加上外科口罩與 N95 口罩，僅僅是防護衣的穿戴過程，就讓隔離病房的照護人員汗流浹背；何時要穿上、在哪裏才能脫掉，順序也不能失誤，讓人聽了眼花瞭亂。

醫院內第一位穿上俗稱「兔寶寶裝」防護裝備的人，就是他，確保每一個同仁徹底學會，萬無一失之後，才讓他們上戰場。

從急診室經過專用通道進入專責病房，他帶著團隊親自模擬動線流程，從醫師、護理、醫技、行政，到清潔、保全、志工等後勤部隊，集中共識而不會各自想像，同心守護醫療最前線。

心中有愛就有陽光

由於對病毒的不了解，社會上出現了人們對醫護人員避之唯恐不及的情況，慈濟志工卻在疫情嚴峻的和平醫院外搭起帳棚，設立二十四小時關懷服務中心，因應醫院內的需求而張羅供應物資，與醫護人員和病人隔窗相望，給予打氣和祝福。

同樣地，在大林慈院裏的志工組與人文室也設立了關懷專線，準備點心、水果，不時送往護理站，為同仁補充體力，增進免疫力。對於被隔離觀察的病人，社工人員代替了家屬的角色，每天為被隔離的患者送來報紙、點心，非常時期，盡可能讓他們身心俱安。

雖然隔離宿舍門禁森嚴，但透過電話、電子郵件，感受到病房外的關懷，日用品物資不缺乏，冰箱補滿了水果和食物，同仁雖被隔離，卻不感到孤獨。

花蓮靜思精舍的師父們為全院醫護同仁親手包粽子，製作隨身精油瓶，每一份禮物都隨附了一張親手寫的祝福卡，每一張都各不相同。時值端午節，林俊龍、洪琇美和志工們走遍護理站，在壓力緊繃的時刻，將這份愛的禮物不斷送出去。

「好幸福！好感動！這比什麼都有用，這是最有用的抗SARS藥方。」原本繃著臉工作的同仁，臉上的線條早已變得柔和，歡喜地笑出來。

有了笑，心中就有陽光，生命就有力量。當社會相互排斥對立，疫情壓力緊繃，工作量能吃緊，在大林田中央的醫院裏，卻還處處充滿著歡笑。

直到行政院限制口罩出口，並徵用滯留海關的口罩時，市面上口罩已經一片難求，嘉義大林尤其欠缺，林俊龍在美國的女兒得知臺灣疫情後，寄來四千片外科口罩幫助醫院度過難關。

收到物資後，他與洪琇美以最快的速度分送給全院同仁與洗腎病人，希望大家能平安度過這次風暴。

一邊分送著女兒的愛心，林俊龍內心一邊感到溫暖。雖然遠在美國，並未受到疫情威脅，但聽聞臺灣欠缺口罩，就忙著到處張羅寄送，讓父母親不感動也難。

同仁接到愛心口罩時，也不禁流露出感動的眼神，洗腎室病人與家屬接下院長親送的口罩時，更是哽咽地說不出話來。

「雖然每個人拿到的數量不多，且款式不同，但是愛心是一樣的，戴在臉上，暖在心頭，希望這分愛能夠增強大家對抗疫情的免疫力。」林俊龍把心中的愛傳遞給同仁。

採訪筆記

一視同仁

林俊龍對同仁總是肯定與接納居多，因而當他有所糾正時，同仁總是牢記在心。

簡守信曾多次提及，早年在大林共事時，有一次他在談話間提及「員工」，隨即被林俊龍指正，是「同仁」而非員工。

尋常稱呼背後，是一分觀念的提醒。林俊龍認為，每一位工作夥伴與他同等，而非他的下屬，大家各司其職，為共同目標而打拚，幹部的職責是服務和支持團隊的運作。

「你尊重他，他就尊重你；你關懷他，他就回報你。人與人是相互的，帶動同仁就是這樣單純，沒有高深的道理。」

緊急救援不容緩

二〇一一年四月二十七日中午，行駛中的阿里山小火車遭到斷落的大樹撞擊，其中四節車廂不幸翻覆，有的傾覆九十度，有的一百八十度翻落橋下，傷亡嚴重。消息傳來後，大林慈院急診室主任李宜恭，帶著兩名護理人員趕往水上機場，搭乘直升機上山擔任緊急醫療指揮官。

多數乘客在事發當時自救，或經由當地衛生室、消防救護人員緊急處理，但李宜恭到達現場時，仍然一片凌亂。他在了解傷患概況後，立即進行檢傷分類，搶救重傷患者，協助簡易的包紮止血，等待依序後送。

同一時間，大林慈院院內啟動緊急災害應變系統，醫護、社工和各科室相關人員，以及志工，迅速趕往急診室集結待命。

山區路途遙遠，空軍救護隊派出多架直升機來回載送重傷患者，其餘傷患則依照傷勢嚴重度，送往嘉義縣市六家醫院，期望讓傷患在最快的時間內得到救治。

事發三個多小時後，救護車陸續將傷患送抵大林慈院急診室，醫師、護理師依計畫啟動急救治療，其他同仁、志工則安慰驚魂未定的病患與家屬。

在醫護人員完成初步治療後，志工就接續陪伴傷者。一位額頭受傷的患者流著淚說：「你們真好！」

志工一邊安慰一邊問：「傷口是不是很痛？」

他卻回答：「不是的，這是感動的眼淚。」

各就其位迅速應變

每隔一段時間，大林慈院急診室就舉辦各種演習，確保在緊急狀況發生時，跨團隊成員能第一時間各就其位，迅速應變。

這次事故發生前不久，才剛針對阿里山公路重大交通災害應變，舉辦了一場模擬演習，因而在這場真實的救援行動中，各單位動員迅速，節節相通。

大林慈院早年在林俊龍的規畫下，建立出架構特殊且十分前衛的緊急事件應變及指揮系統，當發生重大傷病患事故時，醫院團隊會分成三支大隊。

急救經驗豐富的急診室主任，帶領 A team 前往事故現場，協助大量傷病患的檢傷分類；副院長擔任急診室指揮官，帶領急診及前來支援的同仁救治患者，此為 B team；而 C team 由院長領軍，負責全院總指揮，調度跨部門資源與穩定醫院運作。

這個架構不但能照顧到送院急救的傷患，也能協調人力物力，源源不絕地供應急診前線，而不至於影響原本的醫療運作；同時，還將有經驗的緊急照護人力送到災難現場，協助檢傷分類，讓重症患者即時得到救助資源。

大林慈院位於雲嘉交界處，鄰近中山高速公路、福爾摩沙高速公路數個交流道，以及省道臺一線等交通要道，山區則有馳名國際的阿里山。
地緣的特殊性，使其先天就承擔周邊重大事故的緊急醫療救援責任。

歷年來，醫院多次因應國道重大交通事故、民雄工業區工安事故等，啟動大量傷患緊急應變機制，其中讓大家印象最深刻的，莫過於二〇〇三年三月的阿里山小火車事故，也是第一次啟動大量傷患應變機制。

列車在下山途中失控翻覆，部分車廂因撞上山壁而擠壓變形，造成十七人死亡，兩百多人輕重傷，是阿里山林業鐵路通車以來最慘重事故。

由於前一天值夜班，李宜恭直到星期六中午十二點才回宿舍休息，模糊入睡之際，電話就突然響起，急診室接獲消防局訊息，即刻開始準備救援。

他趕緊聯繫消防局確認事故概況，趕到急診室時，副院長簡守信已經就位，兩人很快就空間配置和動線建立起共識，展開指揮工作。

大林慈院雖非距離事故地點最近的醫院，但因緊鄰的運動公園可供直升機起降，因此有不少重傷傷患，由直升機直接送至大林搶救，加上救護車送來的傷患，總計收治了五十四位傷者，動員近百位醫護人員加入搶救。

「從事發到出院，感恩所有幫助過我們的人！在整個過程中，我忘了時間是怎麼過的，但我們從不覺得孤立無援。」徐先生在出院當天，說出心中的感動。

事故發生時，徐先生和家人搭乘的車廂，翻落距離鐵道橋面五公尺的溪谷，反應過來時，他臉部朝下，被車廂內的乘客層層壓住。乘客陸續疏散，他趕緊將兒子抱出車廂外，卻發現兒子臉色發紫，了無氣息。

在其他乘客主動幫忙ＣＰＲ急救下，兒子開始輕咳，接著哭了出來。這些沈著施救的身影，在慌亂時刻起了安定人心的作用，事後回想，他的心裏充滿感恩。

「我的孩子還有生命跡象！」他們搭乘第一架直升機下山，被送進急診室時，已有大批醫護人員待命，徐先生激動地懇求。

歷經醫療團隊的搶救，當醫護人員走出加護病房，告知胸部出血的兒子生命徵象已然穩定，夫妻倆顧不得自己一身外傷，高興得痛哭失聲。

驚恐中的溫柔膚慰

大林鎮寧靜的天空上，第一次出現這麼多架次的直升機，伴隨著救護車呼嘯不停，整個鎮上都被急迫與緊張感籠罩。

當時的護理部重症單位督導呂欣茹，住在距離醫院近四十公里外的雲林縣元長鄉。過去服務於其他醫院時，每次聽到大量傷患的消息，總會著急人手夠不夠；但在大林慈院，她對團隊的動員力有信心。

趕抵急診室時，看到林俊龍院長、簡守信副院長指揮若定，近百名醫護人員已經集結，行政人員從庫房運補大量醫藥物資，社工和志工們更是隨時補位安撫病人和家屬的心。

時值阿里山櫻花盛開，許多父母帶著孩子上山攬勝，這次送到大林慈院的傷患中，有三分之一是小朋友。不同於平時孩童受傷送醫時會哭會叫，這些小病人卻異常安靜，似乎是驚嚇過度，還無法反應過來，也不知如何表達。

「弟弟，你幾歲？你叫什麼名字？」小傷患回答不出話來，洪琇美和志工們，有的抱著小朋友，有的拍拍他們的胸口，溫柔地說：「弟弟，你很乖、很勇敢喔！」慢慢地，小朋友的神情逐漸和緩，能說出自己的名字及年齡，也會笑了。

送來的病人原本皮開肉綻，經過醫師細心地修補，雖然浮腫的臉上有一處處密縫的痕跡，但趕來的家屬看到後，仍禁不住說：「縫得真漂亮！」

顧病人也要顧同仁

下午四點，護理人員交班後，白班的急診護理師全部主動留下來，而其他病房的白班人員，也在交接班後到急診支援。雖然已是星期六傍晚，人力依然充足，患難中見真情，加護病房護理人員知道急診忙碌，也親自下來接病人上樓。

隨著家屬陸續從外地趕來，一幕幕激動流淚的場景在急診上演，志工們陪在他們身旁，也不忘記為他們準備熱食，暖胃也暖心。

「如果說，志工們是扮演媽媽的角色，我也看到兩個非常堅持的爸爸，一位是林俊龍院長，一位是簡守信副院長，堅持從頭到尾，而且還能觀前顧後，隨時補位讓醫師們去吃飯。」

呂欣茹透露，同仁們忙著搶救傷患，根本都忘了是否會肚子餓，但林俊龍卻堅持不但要照顧到每一位病人，也要照顧到每一位同仁。

「他堅持要找到一個舒適的地方，讓大家好好坐下來吃飯，還堅持每位同仁一定要吃到飯。」呂欣茹自己就被林俊龍叮嚀了三次「要吃飯」，她和護理長決定趕快去用餐，不讓長輩操心。

當他們進入同仁休息室時，發現一碗碗的麵都盛好了，此時林俊龍又

「拎」了兩位同仁來用餐，溫柔地說：「你們的麵都添好了，應該比較涼了，不會燙到，慢慢吃。」

「怎麼這麼有福氣，吃到院長盛的麵。」當下同仁心中感動不已，讓大家覺得很香、很飽，還可以繼續再戰。

這碗麵，不但有滋養身體的能量，還有滋養心靈的愛。

瞬間湧入五十多名重大傷患，對人力和資源調度帶來極大考驗，雖然大林慈院啟業只有兩年多，但一場緊急應變清楚顯現出團隊的高度向心力和救援默契，遠超出ＳＯＰ所能規範的。

在這場災後不久，嘉義縣災難救護隊在大林慈院成立，由李宜恭擔任南區災難醫療指揮官，協助組織救護資源，並且不斷推廣教育，提升民眾的緊急救護能力。

不只要將傷者的痛苦減到最低，這分一心救人的專注和動員力，也往往深深感動著親身參與的醫護人員。

採訪筆記

院長的卡片

二〇二二年初，大林慈院急診部主任李宜恭意外翻出十九年前的一張卡片，那是阿里山小火車事故後，林俊龍對同仁的感恩與慰問，上頭有著院長林俊龍和副院長簡守信的署名。翻拍照片貼上網後，勾起了許多人一同為目標而戰的回憶，辛苦卻有著扎實的幸福。

林俊龍擔任院長期間，每逢醫護紀念日、重要事件，他都寫信給同仁；醫院評鑑過後，他不急著慶祝或檢討，而是提醒同仁帶家人去喝咖啡。文字大多平凡，表露的卻是他對第一線同仁的惦念與感恩。

蔬食有益健康

曾經連任四屆美國總統的富蘭克林・羅斯福（Franklin D. Roosevelt），帶領著美國走過經濟大蕭條危機和二次世界大戰，被認為是美國最偉大的總統之一。

一九四五年四月，在他第四任期就職後七十三天，就因腦溢血而突然去世。兩個月前在雅爾達會議時，醫師測得他的血壓為二六〇／一五〇毫米汞柱，而在十年前的第二個任期時，他的血壓是一七〇／一〇〇。

絕大多數現代人，都能輕易推斷出羅斯福長年罹患高血壓，需要相應的降血壓治療，搭配飲食、運動和作息予以控制，然而他長年信賴的私人醫師卻說：「羅斯福總統是健康的，這只是這個年齡的正常狀況。」

在那個時空下，醫師的說法與普世認知並無矛盾。直到上個世紀中葉，科學家對於動脈粥狀硬化的斑塊、血栓成因，依然存在著各種不解和疑惑，儘管心導管手術持續在進步，心肺機也已展開研發，但終究只能處理已然發生的病徵。

一九四八年，杜魯門總統簽署了「國家心臟法案」，成立國家心臟研究所，在麻州佛萊明罕（Framingham）展開大規模流行病學世代研究，針對五千名三十到五十九歲的健康人士，進行長達二十年的追蹤。

研究成果陸續發表，不但證明了高血壓與心臟病、中風的關聯外，更辨識出心血管疾病的諸多危險因子，例如吸菸、肥胖、糖尿病……繼之而有各種公共衛生政策（例如：菸害警示標語）的推動。

而研究團隊所發表的公式「佛萊明罕風險分數表（Framingham risk score）」，能簡單計算出人們未來十年發生心血管疾病的風險。這項研究對世人健康影響至深且鉅，也為日後大量的醫學研究帶來了啟發。

毫無懸念改變飲食

二〇二二年初，接受完肺動脈手術，在加護病房剛甦醒不久的林俊龍，就忙著與國際科學期刊《Nutrients》的編輯聯繫，由於截稿期限在即，他急於把握有限的時間，完成相關刊登程序，以向學界提供研究團隊的發現。

這份追蹤超過十年的研究論文指出，素食者相較於葷食者，有較低風險的失智症罹患率。

長年以來，他引領團隊運用科學方法探討素食與健康相關議題，在國際期刊發表的論文中，陸續說明了素食者有較低風險的心血管疾病、痛風、膽固醇和膽結石、憂鬱症、糖尿病等罹患率，也與降低健保醫療支出有關。

他吃素四十年，也深入素食相關醫學研究，除了基於對佛教信仰的虔誠之外，背後有一個啟動他的故事。

在美國加州擔任心臟內科醫師時，一位義大利裔美籍病人來到他的辦公室。這位病人重度肥胖，患有糖尿病、高血壓，經常胸悶、氣喘吁吁，上樓梯時尤其辛苦。症狀很典型，林俊龍很快就診斷出他罹患狹心症，再進一步詳問家族病史時，在同樣罹患糖尿病、高血壓的父親和哥哥身上，發現一個讓人心驚的巧合。

「你的爸爸幾歲去世？」

「五十九歲。」

「哥哥呢？幾歲去世？」

「五十九歲。」

「你今年幾歲？」

「五十九。」

「不用談了，這是緊急情況，我要馬上安排你住院！」

心導管檢查發現，病人的三條冠狀動脈全部阻塞了！由於當時醫界尚未發明氣球擴張術和血管支架放置術，因此立即會診外科進行開胸手術，接通三條血管。

病人順利出院返家後，有一天，回到林俊龍的辦公室。「你知道嗎？我是我們家中第一個活過六十歲的人。」為了紀念這意義非凡的時刻，他帶了一盒巧克力感謝林俊龍。

做為醫者，及時挽救病人於看不見的危機中，又能看到他們因此提升生活品質，是令人欣慰的。但林俊龍心想，對治心血管疾病，除了手術、藥物之外，應該還有更好的方法，醫師應該還有更多能做的事。他試圖尋找心血管硬化的根本原因，在圖書館的文獻中，發現答案早已存在。

中國老祖宗說「病從口入」，西方人則說「You are what you eat.（人如其食）」，醫學論文指出，素食者的心臟病發生率明顯低於葷食者，可見飲食對健康影響甚鉅，這觸發了他深入研究素食的好奇。

自此，他毫無懸念地改變自己的飲食型態，成為素食主義的奉行者，也努力向人介紹素食的好處，讓世人遠離心血管疾病的危害。

倘若不改變生活型態，那些辛苦開完刀復原的病人，遲早會再因同樣的症狀回到診間，甚至重回手術檯。

蔬食行動推向國際

《雜阿含經》經文：「有四法成就，名曰大醫王者，所應王之具、王之分。何等為四？一者、善知病，二者、善知病源，三者、善知病對治，四者、善知治病已，當來更不動發。」

醫師的知識專精、技術高明，還能運用方法對治，是患者之福；然而疾病得治之後，如能探索前因，防患於未然，將能造福更廣大的群眾。

現代人盛行的三高與慢性病，有許多是古代少有的「文明病」，成因多數有跡可循，其中飲食的影響甚鉅。

二〇二〇年，臺灣素食人口已來到百分之十二，宗教因素之外，有更多人因健康、減碳環保、愛護動物、個人意識而選擇素食，但時間回推三十年，這種飲食型態非常不主流，甚至存在各種偏見。

為了說服廣大群眾，他需要提出更多科學證據，才能使大眾正確行動。

他在大林慈院展開一場研究計畫，統計一萬兩千份有效問卷後，發現素食者的罹癌比率高於葷食者，乍看之下並不符合正常邏輯。進一步分析後才發現，許多患者是在確診罹癌之後，才選擇改變飲食型態為素食。

這是橫斷面研究的局限性，在特定時間點所呈現的特定現象，無法反映出背後原因和長期趨勢，因而他決定啟動長時間的前瞻性世代研究計畫，與家醫科林名男醫師合作，從二〇〇七年起兩年內收案超過五千人，詳細訪談紀錄他們病史、飲食、健康、生活型態，並展開長期追蹤。

至今，各項研究還在進行，並且會往後持續下去。

他進一步催生臺灣素食營養學會，在健康意識逐漸覺醒的時代，積極為醫界和普羅大眾，提供容易運用、解讀的資訊，也將蔬食行動一步一步推向國際，終於獲得健康促進醫院國際網絡的認同，於研討會中全面供應蔬食。

蔬食在國際逐漸成為潮流，然而推動路上，阻力甚至刻意攻擊也少不了，對此林俊龍並不強求。「素食有三大好處：健康、環保、心靈。當他了解後，依然不在意這些，那就尊重了。」

年近八十歲的他，做起利益大眾的事情時，依然精神煥發。佛教講求「信、願、行」，他深信、發願、也親身力行有益健康的素食，背後也有一分「敬師」的表達。

在全球氣候變遷不斷的年代，法師不斷對世人疾呼素食的重要，在學術研究和大眾衛教上盡心力。現在世界上致力於素食研究的學術機構，首推美國加州羅馬琳達大學（Loma Linda University），其次是英國牛津大學（University of Oxford），而臺灣慈濟近年的論文發表量，則躋身世界前三大。

如同佛萊明罕研究影響世人健康般，他們仍在持續提升素食研究國際影響力，為佛教和醫界推動健康飲食作強而有力的後盾。

採訪筆記

知行合一

找出問題的根本，找出解決的方法，並且親身去落實它，林俊龍不但求知欲強，還是親身力行之後，才帶動他人來做的領導者。

大林慈院從啟業前，就深入社區推動健康促進，同仁在他的領導下，也積極投入相關規畫。有同仁分享，他們曾規畫一系列社區健康志工培訓活動，其中一期以素食營養相關知能為主，吸引近四百位民眾報名參與，學員反應熱烈。

在一次林俊龍主持的會議中，同仁興高采烈報告執行情況，語畢他卻問道：「志工將來要去外面幫忙推廣，但在上完課後，有多少人會吃素？」

他讓同仁們體會到，號召別人做之前，自己要先做到。再好的理念，若不能落實於生活中，那都只是空談，同仁當下便決心茹素。

身為領眾者，若不能以身作則，以身示教，就不免淪為空口白話的教條，甚至是不切實際的理想了。

立足鄉下成為國際典範

每一位新進同仁報到那一天，都會從人力資源室同仁手中拿到一份禮物——號稱「慈濟三寶」的環保碗、環保筷、環保杯，以及一個手提餐具袋。這是林俊龍擔任院長時，送給每一位同仁的就職「福利」。直到今天，多數同仁仍不知道，禮物是他親自掏腰包送的。

二十多年前，外出攜帶環保餐具的習慣，還未普及於一般人的日常生活中。慈濟醫院員工餐廳全面供應素食，且不提供一次性免洗餐具，為了塑造一個讓同仁樂於接受的環境，他向靜思書軒訂購環保餐具，洪琇美還是被通知要付款時才知道的呢！

「送同仁這麼好的東西，萬一他不到三個月就離職，不就白送了？」曾有主管這樣向林俊龍反映。

「怎麼會白送？他將來還可以繼續使用啊！」他不看可能失去的部分，而趨向悲觀和保守；他相信人性的善良和可塑性，而積極有為。比起得到同仁有形的回饋，他更在意的是，在他們心中播下一粒粒環保種子。

這對同仁行為與環境究竟有沒有影響？答案是肯定的。

不但每天三餐減少大量拋棄性餐具垃圾，提升同仁使用員工餐廳素食的意願，還會將環保餐具帶到工作以外的日常生活中使用。許多同仁受到他的影響，購買結緣品時，會選擇環保餐具，帶動更多人為日常環保盡一分心力。

除了水資源回收、熱泵等節能硬體設施，在醫院規畫之初就已存在之外，同仁隨手節水節電，徹底落實資源回收分類，多走樓梯少搭電梯等減碳行為，早已根植為組織文化的一部分。

二〇一五年，聯合國巴黎氣候高峰會中，大林慈院受邀出席國際醫療無害組織圓桌高峰會，於會中獲頒氣候領導金獎及災難復原力銀獎。

在全球邁向二〇五〇年淨零碳排的艱鉅且長期性目標時，大林慈院為臺灣第一家加入的醫療機構。

醫療雖是高度耗能的產業，同仁的行動卻可以成為環境永續的推手。在大林慈院二十多年的環境友善基礎上，任務難，他們也努力朝前，引領未來更多人加入行動。

大林慈院推動健康促進、環境友善等議題，多年來榮獲國內外大小獎項肯定，這些都是從啟業前，就已在林俊龍的規畫中，一一實現出來的。

成為健康促進醫院

雲嘉鄉親的知識水平較都會地區居民弱勢，健康意識也較薄弱，又因交通不便，更缺乏主動去醫院健檢的觀念，往往都是拖到症狀嚴重了才就醫。啟業前，林俊龍親自和同仁跑遍各社區，舉辦衛教講座和健康篩檢活動，沒有政府的補助和健保給付，固然少了外來資源，卻也不該成為醫療的限制，他帶著同仁們一起擔負守護健康的社會責任，把知識和資源主動送往院外。

《黃帝內經》提出：「上醫治未病，中醫治欲病，下醫治已病。」唐代醫者孫思邈在書中寫道：「上醫醫國，中醫醫人，下醫醫病。」他的理念是，醫院不只是等待病人上門來治病的場所，而是能源源不斷向外提供健康知識和資源的「健康院」。對已經生病而無法外出就醫的家庭，提供到宅往診服務；對尚未出現症狀的民眾，提供疾病篩檢；對健康的人，提供各種健康促進方案。

預防醫學分為三段五級，初段預防包含健康促進和特殊保護，維持健康狀態；次段預防則為疾病篩檢，進而早期診斷，早期治療。透過臨床醫學來限制殘障和復健，則是末段的預防層級，卻也是健保資源和醫療支出最大一塊。若能做好前兩段，不但生命健康多彩，也能大幅減少醫療支出和照顧者等社會成本。

擔任院長的林俊龍，親自主持社區醫療部，整合跨部門資源共同全面性推動健康營造。嘉義縣幅員遼闊且人口分散，提供社區醫療服務需要耗費更多的人力和有形成本，大林慈院積極和政府合作，承擔其他醫院無法承擔的複合式健康篩檢活動。

醫療同仁雖是健康照護者，但醫療是高壓力且繁忙的工作，為了推動全院體適能檢測，社區醫療部同仁率先做了測試，發現同仁的體能狀況與一般上班族相比，竟大多落在兩個等級：「差」與「極差」。

因此，從領導、政策面「由上而下」推動各種措施，也藉由獎勵制度，鼓勵同仁「由下而上」，自發性組成健康社團，舉辦各種活動。

世界衛生組織於一九九〇年，建立健康促進醫院國際網絡，透過組織文化、結構、過程與決策的改變，增進病患、員工及社區的健康，讓醫院不只發揮治療疾病的功能。

臺灣在二〇〇六年加入國際網絡會員，大林慈院雖在隔年才加入，但二〇〇八年首度於大會中發表論文時，就引起國際注意。

當時，國際上的健康促進著眼於同仁、病人和社區，具體作為多為減重與戒菸，林俊龍從領導管理、病人及家屬、社區、同仁、環境與心靈健康等六大主軸多管齊下，十分具有獨創性和前瞻性，讓與會成員眼睛為之一亮，其中環境永續議題特別引起重視。

二〇一二年，大林慈院拿下世界上第一張「國際健康促進醫院典範獎」。曾在一次國際會議中，同儕醫院對林俊龍表示肯定：「你們醫院健康促進做得真好。」

林俊龍回應：「我們不是『做』健康促進醫院，而是醫院誕生時，骨子裏就是健康促進醫院。」所有措施都不是為了因應法條規章而訂定，是生而為健康促進醫院，是證嚴法師「以人為本，尊重生命」的延伸。

從人們、社區與環境的利益出發，自然而然地行動，卻也在日積月累的行動中，讓這間臺灣鄉下的醫院，成為國際領航者。

採訪筆記

就是這麼簡單

美國醫療影集《良醫墨非》第二季中有一段劇情——院長希望外科主任能協助一位企業家做健檢，外科主任不以為然地表示：「我是外科醫師，不做預防醫學的工作。」

臨床醫師致力於專業知識和技藝的提升，消滅各種來到面前的疑難雜症，這句臺詞反映出專科醫師的普遍思維，以提供高品質的醫療為優先，預防醫學和健康促進則不是他們的服務範圍。

但林俊龍卻甚是不同，願意投注心力和資源做預防醫學，他認為，精進於知識和技術，是醫師專業的基本素養，醫院還有責任促進大眾健康，短期雖看不見效益，卻對人體和環境健康有長遠影響。

他的推動方法既不強勢也不高調，以送同仁環保餐具為例，醫院無法硬性規定同仁吃素和做環保，他便塑造友善環境，提升大家參與的意願。「你送給他，他不會說不要，推動起來會方便很多。就是這麼簡單！」

「就是這麼簡單」，大概是訪談期間，聽到他講最多次的一句話。他掌握大方向，把執行過程化繁為簡，他也親自帶頭做，但尊重每一位同仁的意願和選擇。

看似平淡卻內力深厚

口述——**賴俊良**（大林慈濟醫院副院長）

臺北榮總完成胸腔內科訓練後，我下鄉至埔里、嘉義服務，聽說慈濟在大林有一家新醫院即將成立，二〇〇〇年五月，我出於好奇便開車過來看看，那時院區還在施工，四周一片荒涼。

大林慈濟醫院的規模不小，周邊卻是地廣人稀，當時我想，這家醫院若要長久發展，必須做好兩件事——重症和慢性病照護。

二十多年前，大林慈院在林俊龍院長的規畫和慈濟基金會的支持下，擁有全臺灣最新、最好的重症照護設備，加護病房每兩張病床中間就有一個小護理站，每一床都有連接電腦的生理監控儀器，環境非常好。

當時臺灣重症醫療照護迎來一波制度革新，呼吸治療科專科化不久，呼吸治療師國考制度也剛上路，大林慈院啟業後，我為了輔導團隊同仁通過國考，開始利用晚間開培訓課。

在呼吸治療師許嘉鉷的協助下，培育出不少優秀的專業人才，然而大林慈院地緣偏遠且工作辛苦，同仁在考取證照後，總是很快就被鄰近的呼吸治療機構重金挖角。直到鄰近機構人員穩定後，我們才逐漸穩定下來，前後持續約十年之久。

後來，我們又接著培訓住院醫師，專科、次專科醫師，收集的教學X光片數量非常豐富，不下於北部最大的醫學中心，因此鄰近地區的年輕醫師也常來大林看片子，切磋學習。

除了晚上志願幫同仁補習之外，臨床業務也繁重，每天幾乎都是早上七點之前到醫院，晚上十二點左右回宿舍。有一次科內的醫師生病住院，從病房看向窗外，便能看見其他醫師出入宿舍的規律，他在我去探病時說：「住院之後才發現，只有我們科這麼累。」

大林慈院的自然生態很好，夜間還能看見螢火蟲，在一個沒值班的週六下午，我從恍惚睡意中驚醒，周遭寧靜到讓人疑惑，那是我第一次在週末午休，已是啟業大約十年後了。

有一次上人行腳來大林，我在醫療科簡報中分享「用命換命」，將個人的生命時間投入在病人身上，換來他們生命的延續。上人開示時則回應，我們是「用生命走入生命」，他的層次又更上乘。

肺癌在近年蟬聯癌症十大死因的榜首，我們不斷精進專業，讓病人不必北漂、南漂，能就近得到同步於國際最先進的精準醫療。病人的回饋也是質樸的，我不時會收到他們分享自家醃製的食品、農作物。

時任院長的林俊龍執行長坐鎮內科，每天志工早會分享後，便準時出現在 morning meeting 會議室。內科系醫師雖來自各個醫療體系，但有他事必躬親為表率，醫師們都會積極參與意見討論，並且很快形成團隊共識。

臺灣醫院有嚴謹且分明的科層制度，面對不同體系來的全新團隊，本身就充滿挑戰，但他身上有一些特質，是別人學習不來的。

他的歷練豐富，視野寬廣，專業思維和推理分析的角度，總能說服得了各科醫師。他與人相處真誠坦然，不以權威來管理，而是自己帶頭投入，讓大家自動跟上腳步。而面對蠻橫無理的情況，他會不動聲色，再想辦法克服。

ＳＡＲＳ疫情爆發時，全臺醫院籠罩在陰影之下，不同於現今 covid-19 疫情有各種明確的指引和資訊網絡，當時各界都不知該如何因應。林俊龍執行長親自帶著各單位，用最簡單的設備快速建置起負壓隔離病房和醫護隔離宿舍，身為胸腔內科主任的我，成為第一個專職進入發燒病房的醫師，每天中午透過視訊系統參與他主持的會議。

他雖非感染科專業，也不曾在美國遇過這種災難，但面對未知與變數，卻能沈著應變，指揮若定，井井有條組織全院資源。

我有時會想，當年的執行長與如今我們幾位副院長年紀相仿，換做我們，能否有他那樣的格局視野和運籌能力？

記得有次，我打病歷到晚上十一、二點，從醫院走回宿舍時，在長廊前方看見一個背影，沿途關燈緩緩朝宿舍方向走去，他是林俊龍院長。那身影，就像小時候的颱風夜裏，會特別起來關窗的老爸。

過去只要涉及影響醫療品質的問題，我常會疾言厲色，不允許同仁有一而再、再而三犯錯的機會，但林俊龍執行長示現了另一種溫和的處事模式，他不針對個人做評判，且能和顏悅色處理各種人事問題，從未見他生氣。

他的身教影響著同仁的醫療行為，加上有志工們的薰陶，我的聲色態度也改變很多。當醫師理解病人生理與心理上的苦，溝通方式將會截然不同。

二〇一五年五月，尼泊爾發生震驚全球的大地震，我在結束八天賑災義診行程後，返臺當天於高速公路上，接到病人的求助電話。

感受到他的徬徨不安，我便立即約他回來看診，隨後又約了幾位剛確診罹患肺癌的患者來院。由於一路風塵僕僕，有同仁發現我身上白褲還因沾染尼泊爾的塵土而一片泥黃，卻來不及更衣休息，就直接趕到診間。

那時我沒有多想，只是想著如何安住病人的心，陪他們一起面對後續治療。也許那就是在慈濟人文下，以病人為優先的反射性思維。

如今，醫療人文成為顯學，但過去這在醫界是不被強調的概念，慈濟不但是真正的提出者，林俊龍執行長還是帶著大家實現出來的人。

這種以病人為中心的思維，慈善為本的人文精神，讓醫師因不捨、不忍病人的痛苦，而主動去做更多事情，而這也成為醫療持續進步的動力，無論走到哪裏都不怕競爭，因為它已經超越了競爭。

許多年後，我才體會到這件事，然而在二十多年前，大林慈院啟業時，儘管還沒有醫院做出來，林俊龍執行長就已清楚預見。上人期待中的醫療人文，他並不是移植進大林慈院，而是完完整整地建置起來，進而帶動他人。

醫療人文不是說在口中，它會體現在舉手投足的細節裏，含藏在醫療團隊思考出發點裏，如同名寺古剎的掃地僧，看似平淡卻內力深厚，氣宇不凡。

眼界和關懷的重點不同

口述——李宜恭（大林慈濟醫院急診部主任）

二○○○年冬天，我乘坐小飛機降落在嘉義水上機場，隨後乘車前往大林慈院。那是我第一次到大林，當車子駛過醫院前的陸橋後，只見一座灰撲撲的建築物映入眼簾，四周被沙塵環繞。

大林慈院的急診醫師人力，從啟業以來就面臨招募瓶頸，當簡守信副院長向我的老師張珩教授求才時，老師便推薦我過來。

我的內心很掙扎。在新光醫院完成急診醫學訓練後，我對下一步已有具體的規畫，一來當時在臺大衛生政策與管理研究所進修中，二來若能在次年六月順利畢業，我的赴美進修計畫已經獲得新光醫院核准，並且，女兒八月才剛出生。

親身拜訪看起來了無生機的大林後，我向老師回覆決定：「我不要去。」

「你真的不去嗎？」一個星期後，老師又來找我談。

他期許，身為臺灣第一屆急診醫學專科醫師的我們，是 pioneer，要有先鋒精神；南部地區欠缺對正統急診醫學的了解，慈濟又是新醫院，我應該要去幫忙拓荒。他相信我能做好，也願意做我的後盾。

於是，我與黃俊卿、楊宗憲三位醫師，相繼來到大林。

過去國內急診專科醫師制度還未上軌道，各醫院的急診室人力，來自臨床科醫師輪流值班，然而急診不僅要能處置危急疾病，更需做好跨科部協調和經營管理工作，建立順暢的照會、診斷、住院流程，並在面臨災難或疫情等重大挑戰時，充分合作，轉危機為生機。

來到大林慈院後，我先做三件事：第一，拜訪院內各臨床科和行政部門，建立內部連結和制度；第二，拜訪衛生局和消防局，串聯外部緊急救護動能；

第三，拜訪鄰近醫院和民間救護車，張開更綿密的緊急醫療網絡。

一九九九年九二一大地震後，我在重災區南投待了一個月，累積了一些災難醫學的實務經驗，而當時在花蓮慈院的林俊龍執行長、簡守信院長，也都去過災區，當我提出成立全國第一支地區級災難醫療救護隊的規畫時，得到他們的大力支持。

當時大林慈院是嘉義縣唯一一所大型綜合醫院，自然要為守護雲嘉挑起重擔。

二〇〇三年三月，阿里山小火車發生重大事故，在與消防局勤務指揮中心聯繫後，我旋即偕同一般外科魏昌國醫師前往水上機場，準備搭直升機上山。路途中接到通知，因故無法搭機上山，我們又折返醫院幫忙。

那天回到急診室，林俊龍院長便叫住了我，正想著有何要事商議時，他竟二話不說幫我打領帶。

他一直認為，醫師要有醫師的莊嚴形象，即使忙碌也不能疏忽儀容，且大批媒體隨後將會到場，他希望身為急診室主任的我不失專業形象。

當時我不懂他的用心，心裏甚至滴咕著，怎會有這麼「ＬＫＫ」的事情，領帶完全不符合急診style，還有些礙事。

二〇一一年，阿里山小火車再度發生翻車事故，我接獲衛生局消息後，立即出發去機場與長庚醫院醫師會合，搭直升機前往災難現場擔任醫療指揮官，協助檢傷分類和急救。

轉身離開辦公室時，我想起了他當年的叮嚀，趕緊回頭抓起白袍帶走。

事實證明這是有用的，在凌亂的事故現場，傷患和救災人員因信任這一身白袍底下的專業，使得指揮作業能順暢進行。

啟業後有將近十年的光景，急診專科醫師人力單薄而辛苦，但幸運的是，大林慈院有很好的人文底蘊，急診與醫療科的溝通和諧，容易為了救治病患而建立共識，而不會發生一般醫院常見的立場牴觸情形。

且由於醫護宿舍集中，每一次啟動大量傷患機制後，從來都只有人太多，而不會發生人手不足需設法召回的問題。

嘉義縣山區道路崎嶇，假日衛生所缺乏醫師，民眾就醫缺乏保障，有一次我與衛生局上山勘查後，回來向林俊龍院長報告：「院長，我們在梅山瑞里設置假日緊急醫療站好嗎？」

對居民有助益的事，他欣然同意：「好啊！梅山就在隔壁而已。」醫療站啟用那天，他親自開車上山，才知道要盤桓山路超過一個半鐘頭才能抵達。

但他讓人佩服的是，不管瑞里、大埔有多偏遠，只要是醫院駐點服務的每一寸路，他都親自去關心過。

除了瑞里，醫師們也輪流支援阿里山香林衛生室假日值班。上山駐診不只是做醫療，我習慣與當地居民、商家建立互動關係；隨著醫療站運作上軌道，原本不願上山的同仁也開始搶著去，因為上山服務像充電一樣。

身為急診人，看到哪裏迫切需要醫療，就本能地想要去幫忙，也因為慈濟，而有機會能在許多困難的時刻，走到最需要的地方，例如：南亞海嘯後的斯里蘭卡、海燕風災後的菲律賓、強震過後的伊朗巴姆城、尼泊爾、墨西哥，和約旦難民營。

二十多年來，家人無怨尤地支持著我往前衝鋒。

二〇〇六年，我接受了一場大手術，老婆細心守護在我身旁，當我從麻醉中醒來，模模糊糊中對她說的第一句話卻是：「幫我打電話給林院長和林媽媽，跟他們說我沒事。」

不知為什麼，他們是我第一個想到的人。許多年後，老婆向我提起了此事，儘管我不記得了。

想起這件事，我不禁情緒悸動，一方面對老婆的守護感到抱歉，另一方面也心疼如今年邁的執行長，仍時常奔波到奮不顧身。

執行長對我來說亦師亦友。他細心提拔後進，有時也會嘮嘮叨叨地給予意見，從孩子出生、上學，到同仁、家人生病，大大小小的事，他和林媽媽都惦記關心著。

手術前，我曾跟他說，工作很累，想休息三個月。他沒有反對，回應：「要休三個月也可以，但我看你大概兩個星期就回來了。」事實正是如此。

學生時期，我關心社會，活躍於社團、學運，被社團文化訓練出抽菸習慣，到大林慈院服務時，還沒戒菸。有一次我問他：「你知道我有抽菸嗎？」

「知道啊，你身上會有菸味。」

「那你怎麼沒叫我戒菸？」

「我跟你講你也不會戒，但在我們的環境下，我有把握你會自己戒菸。」

事實也是如此。

許多事情，他看在眼裏，卻不責備，相反地，對於同仁提出的想法，他不斷給予鼓勵、支持，放手讓大家去揮灑。

今年初，他因肺栓塞手術住加護病房，葉克膜管線還沒拔除，就開始認真地在處理素食論文，推素的願力讓人感動卻又不捨。

其實他是靦腆的人，從不曾命令別人去做什麼，唯有素食不同，他會不厭其煩地告訴你吃素的重要，希望大家能吃素。

最近整理辦公室時，翻出了幾張他親筆簽名的卡片，在他擔任院長期間，每年不論醫師節，還是忙完重大任務，他都會親自送卡片感恩同仁，坦白說，收到當下並無特別的感覺，但如今想來，院長對基層同仁的惦念，很是珍貴，他一直力挺在第一線辛苦工作的同仁。

早年有一次，急診服務量下降，他問我原因。我以為他與多數醫院高層一樣關心業績，忙著對他說明時，他卻告訴我：「我不是在計較病人數，我知道急診虧錢，這個我不在乎。我只是在想，病人數下降，是不是醫療品質出了什麼問題？如果有，我們就趕快把它改善。」

他的眼界和關懷的重點，跟別人不一樣。

想成為那樣的人

口述——林名男（大林慈濟醫院副院長、社區醫療部主任）

二〇〇五年，臺大同學廖宗志來臺南找我。我們同為家醫科醫師，對預防醫學和社區醫療都富有熱忱，當時服務於大林慈院的他，因生涯規畫而計畫北上服務，希望找我到大林接力幫忙。

「那是一個很好的地方，你應該來看一下。」

透過他的引薦，我與時任院長的林俊龍執行長面談，當下立刻決定：「我一定去大林服務！」

執行長身為心臟專科醫師，卻與多數臨床醫師不同，他不僅重視臨床成效，更重視預防醫學。面對心臟科病人，他不只開藥控制，還花更多時間做衛教，讓病人了解飲食、戒菸的重要。

同時，他也是我看過最投入社區醫療服務的院長。為了有效整合跨部門的共識，他親自兼任社區醫療部主任，承擔嘉義縣十八鄉鎮的複合式篩檢服務；不論是沿海的布袋、東石，還是山區的大埔、阿里山，只要時間允許，他都親自到場關心、參與。

當時每一場複篩的受檢人數，少則兩、三百人，多則七、八百人，從廖醫師口中得知，由於院長親自核發報告，經常能看到一疊疊報告堆在他的辦公室案頭。這讓從事社區醫學的我十分感動。

相對於人口密集的臺南市，嘉義縣交通不便，民眾的健康意識也較低，推動社區醫療服務時，需耗費更多有形成本，難度也較高。然而正因居民資源弱勢，反而是更需要被關心和照顧的一群人。

大林慈院承擔社區健康篩檢，結合在地慈濟志工和衛生局所提供的服務，溫馨、親切、深入到位，讓鄉親十分有感，但付出的人力與物力，遠超過政府預算給付的範圍。

早年曾有同仁對他說：「院長，你不要被政治人物利用了。」

他卻回答：「不怕被利用，只怕沒有用！」

他認為，照顧雲嘉鄉親本是大林慈院的責任，政府做不了的、其他醫院無法承擔的，就更要去照顧。他方向明確，心胸開闊，讓人十分欽佩。

上人說：「有苦的人走不出來，有福的人走進去。」執行長將這分精神落實在對慈濟醫療的經營。後來接任的簡守信院長，又進一步接受雲林縣政府委託，承擔四湖、口湖、元長、古坑等交通不便的偏鄉健康篩檢服務，都是不計成本和營利得失去投入，落實慈濟醫療的使命。

當遇到困難，同仁也會想辦法突破。為了提升偏鄉居民的四癌篩檢率，社區醫療部同仁陳鈞博主動學開大客車，不分晨昏、夜間或假日，開著「大愛行動醫療車」，到各村庄提供子宮頸抹片檢查服務。

縣政府引進乳房攝影車之前，醫院也配合衛生所，至各鄉鎮接送符合條件的民眾來院篩檢，且事前做好全程行政配套，讓受檢者十分便利。

然而到了下半年度，往往一趟車開出去數十公里，只接送兩、三位民眾來篩檢。有一次，同仁在社區醫療部月會中表示，這樣的服務模式不敷成本，是否考慮停止合作？

執行長轉頭詢問我：「這對病人到底有沒有好處？」

「有。」我舉臺大陳秀熙教授在北歐做的世代研究成果為例，證實早期篩檢對改善民眾的生活品質與疾病死亡率，確有幫助。

聽完，他立刻拍板決議：「有多少，載多少。」

他的價值衡量標準，不是短期的成本效益，而是對病人是否有實質幫助，並且以科學證據為前提，讓在場的同仁又一次學習到他「以病人為中心」的思維深度。

每一家醫院都有其利益最大化的考量，使得臺灣醫療能多元進步。而慈濟醫療的優先利益是眾生，「守護生命、守護健康、守護愛」的價值，是同仁的動力。

臨床醫療能運用手術技術、高端設備和藥物，看到病人戲劇性的改變，但社區醫療的效益不易看見也難以計算。

有一天，科內的黃慧雅醫師說：「主任，我那天晚上去元長鄉，做了三十幾位抹片檢查，抓出兩個陽性個案喔！」說著這句話時，她的眼神放著光芒。十年間，她跑遍雲嘉村莊做了兩萬四千例子宮頸抹片檢查，揪出四百名陽性個案；透過現代醫療照護，可以讓病人得到很好的預後品質，這就是社區醫學的價值所在。

家醫科醫師經常穿梭社區、支援鄰近衛生所業務，花時間衛教，改變病人有害健康的生活習慣，他們做得好，換來的是病人平安健康，縮短甚至免於經歷辛苦的治療過程。協助病人戒菸，花費的時間也許比通血管要來得多，但同仁們都深知其意義，也要感恩執行長的帶頭開墾和支持。

二〇〇七年，林俊龍院長得知衛生署國民健康局在推動健康促進醫院，興致勃勃地對我說：「我們一起來做健康促進醫院。我們骨子裏就是健康促進醫院！」

為了向國際觀摩學習，在他的支持下，我和鈞博前往維也納參加國際年會，包括食宿、交通和研習費用，一趟下來所費不貲。行政同仁沒有學術經費可申請核銷，回國後，林俊龍院長便自掏腰包，補助鈞博的所有開銷。

對於有心推動的事情，他不僅在前面帶頭做，也不遺餘力地在背後支持。為了感恩他的栽培，我對他發願：「五年內，臺灣提起健康促進醫院時，大林慈院一定會是被提到的那一個。」

二〇〇八年，他回到花蓮承擔慈濟醫療志業執行長，仍持續鼓勵各醫院、各職類同仁參與，大林慈院也維持國際參與的傳統，連年在年會論文發表或專題演講中，獲得滿堂喝采。二〇一二年，大林慈院拿下第一屆國際典範醫院的肯定，這是我們對他承諾的實踐。

每當有新提案向他報告，他總是肯定地說：「Good, go for it.」而不會在成本預算上斟酌打轉；同仁在對外洽談計畫時，也能直接代表醫院做決定，而不需層層回報，再等待指令層層下達。

企業管理大師詹姆．柯林斯（Jim Collins）在其著作《從A到A+》中，提到卓越領導的第一點，就是「先找對人，再決定做什麼」。

執行長用對的人，且用人不疑，充分授權。

他相信同仁了解病人和鄉親的需求，會為民眾考量；他相信同仁了解醫院的立場，會為醫院著想；他也相信同仁在行動之前，會經過評估與思考。

他指出大方向，接著給予高度的支持，鼓勵團隊昂首闊步向前邁進。

有主管的支持和信任，同仁自然會全力以赴，朝他指引的方向去努力，用心回報成果。

有一次與他同行北上開會，剛下診的他，開車載我去高鐵；候車時間，他拿出延診餐自在地吃了起來。冷掉的餐盒雖然菜色普通，他卻吃得津津有味。他在小事中得到滿足，生活簡單，卻器量不凡。

曾經，在我對工作困境有所抱怨時，他簡單而明確地對我說：「You gotta do what you gotta do.」點醒我，做該做的事，遇到困難就想辦法解決。

我也曾問他，面對種種困難和不如意，是否會睡不著？

他回答：「你問自己，有沒有努力做了？有，那有時就是因緣不具足。既然努力了，就好好睡覺，怎麼會睡不著？」

他的樂觀令人讚歎，用自身德行引領同仁跨越煩惱，讓大家心甘情願投入，源源不斷創造。

管理界有一句話說：「The great leader inspires.（偉大的領袖鼓舞人心）」他就是能啟發、激勵團隊的領導者。

每當弟子們看到上人，都會感到心靈的充實；而同仁們看到執行長中氣十足地說話時，也會特別地振奮。

他是許多同仁心目中，想成為的那種人。

此心安處是吾鄉

卷　四

診間情話

在你的生命裏，有沒有那個見到就安心的人？

不必刻意說很多話，甚至不必常常在一起，但只要他能偶爾出現在眼前，彷彿所有的問題都能迎刃而解。

二〇二二年七月，在歷經一場大病和修養之後，林俊龍回到睽違七個月的大林慈院心臟內科診間。早上八點多，門診時間未開始，病人就已靜靜在外等待。

安靜的背影下，卻讀得到內心期待和喜悅，這天門診病人不約而同說最多的一句話是：「執行長，好久不見，等你等了好久！」語氣裏盡是想念。

隨著年齡增長，高血壓、糖尿病、心律不整、心臟病等慢性病的盛行率增加，心臟內科診間裏，多的是家眷結伴同來看診的病人，有老夫老妻、有姊妹、有鄰居，也有父女，都是讓林俊龍追蹤了一、二十年的老病人。

在他停診的幾個月裏，代診醫師用心將病人的狀況照顧得很穩定，但一得知林俊龍門診開放掛號時，都還是搶著預約，而且門診這天，沒人缺席和空號。

「我媽媽每次要來看你之前，心情都很愉快。」林先生推著年邁阿公的輪椅，和媽媽三代人一起進入診間。由於雲嘉地區交通不便，許多老年人是由子女請假接送看診，林先生不只當司機，也充當阿公和媽媽的「心聲翻譯員」，替他們表達沒出口的話語。

「之前去過幾家大醫院，但藥都吃不習慣，所以還是要來給執行長看。」

恢復門診的首日，預約掛號病人超過一百人，一早，心功能室主任李易達醫師就來關心他的身體狀況，並表明隨時可以補位協助看診。

林俊龍看了看掛號名單，「一百零五位，還好！難得啦！」

難得二字，來自是他理解病人對自己的思念和信任，想要盡可能圓滿他們的想望。

「執行長，我等你等了一年了！」陳老先生夫妻倆，是林俊龍自大林啟業至今的老病人，二十多年來從沒缺漏過一次回診。

這幾個月雖有定期找其他醫師追蹤領藥，但仍一心一意等著林俊龍回到診間，雖還不至於「一日不見，如隔三秋」，內心仍不自覺地加倍了時間。

「歹勢啦！」林俊龍為自己這半年的缺席說抱歉。

「怎麼會歹勢！平安最重要！」陳老太太接著說。

「我一直在網路關心你的訊息，一直在幫你祝福。這次回來，主要就是要來看你。」

醫師看病人，病人看醫師，互安其心。

下一位病人，同樣像在對他訴衷曲：「看到執行長就歡喜，病就好了！」

「好，我定期來給你們看！」林俊龍爽快地回應。

「你要保持健康喔！你健康，我們才有福氣。」

在他的診間裏，不僅看到醫師用心、病人感恩的醫病互動，更讀到醫病之間的相互依託和信賴，彼此訴說的，更像是情意綿綿的「診間情話」。

摸摸頭就感覺好多

問診、聽診、觸診完後，林俊龍幫患有心臟病、高血壓和高血脂的八十多歲陳阿嬤開處方，準備結束她的看診。但阿嬤還未打算起身，向林俊龍多訴說幾句：「我的頭老是痛左邊。」

「這樣喔！」林俊龍趕緊在阿嬤那花白的頭上摸一摸、看一看：「你之前車禍傷到左邊，會留下一點後遺症，平時多揉揉，讓頭部循環好一點。」接著認真幫阿嬤揉起頭部了。

像是小孩被大人摸摸頭一樣喜出望外，阿嬤掩不住滿臉喜悅：「真好，讓你幫我摸頭，我覺得好太多了。」

起身後，她雙手十指併攏夾著大腿，畢恭畢敬地向醫師和護理師一一鞠躬道感謝，帶著滿足的笑容走出診間。

常言道，三分醫病，七分治心。許多病症最關鍵的成效不在藥物，而是醫師那分體貼和關懷。

「吃清一點可以改善血脂肪，吃淡一點可以控制血壓。」林俊龍不厭其煩地說著的，都是老生常談，但在診間裏，他真正用來說服病人的不是權威和專業的語言，而是言語之外的肢體表達。

聽診後，他順手拍拍病人的肩膀，給他們安心、願意一起為健康努力的力量。

美國醫師特魯托（Dr. Edward Trudeau）的墓誌銘上，刻著一段文字：「To Cure Sometimes, To Relieve Often, To Comfort Always.（有時治癒，常常幫助，總是安慰）」，說明了醫療真實屬性。

醫師能真正治癒的病不多，卻可以幫助病人緩解痛苦，並永遠給予一分關懷。

林俊龍認為，對於醫療工作者來說，醫療作業其實是最單純的一面。能應用畢生所學，為病苦眾生盡棉薄之力，是從事醫療最大的報酬。「我們辛苦半輩子，努力讀書、學習，就是要讓它發揮功能；能夠學以致用，是最快樂的一件事情，不是嗎？」

醫療雖然是高度專業，但看病用的不是高深的理論，而是回歸到對人的關懷。

信任使人邁向卓越

二〇〇八年，行政院勞委會舉辦第四屆「人力創新獎」評選，在平等、人性、安全、尊嚴四大理念下，針對三百多個單位與個人，經過層層審核、入圍、決選，林俊龍執行長獲頒「標竿領導人獎」。這個獎項被視為人力資源領域最高榮耀，評審團一致推崇，林俊龍對人力發展有深入的研究與實施，管理與醫療充分結合，將他譽為「以人為本的醫療傳奇締造者」。

剛獲知自己入圍個人獎項時，他忍不住埋怨：「要獲得團體獎才有意義，凸顯我個人幹什麼呢？」

「以戒為制度，以愛為管理」，是證嚴法師對他的勉勵，也是慈濟特有的管理風格，他具體落實在複雜的醫院管理中。對同仁「理」多於「管」，以鼓勵、獎勵的方式，營造溫馨與友善的工作環境。

「醫院裏，第一線人員才是最了解病人需求的一環，因此要積極傾聽同仁的意見，做他們的後盾。」他認為，後勤幹部和經營階層的重要性，排在病人、同仁之後。同仁培養好，服務就會好，醫院自然會成長，在華人由上而下的管理文化中，確實帶來清新的模式。

也因為有同仁的用心，大林慈院才能在短短幾年內，就因獨樹一幟的醫療人文，和健康促進醫院而成績亮眼，受到國際人士的肯定。

他將榮耀歸於全院同仁。

以身作則沒有二話

曾有菲律賓的醫療集團董事長到大林慈院參訪，對於鄉下醫院能在數年內從無到有，做出國際性的水準和成績十分讚歎，詢問林俊龍如何做到的？

他回答：「以身作則。」

幾次接受媒體訪談，對方問他醫院經營的成功之道是什麼？

他回答：「以身作則。」

每當有人問他，覺得自己最成功的地方是什麼？

他的回答仍然不是那些有形的成就，而是：「以身作則。」

這四個字，也是每一位大林慈院同仁對他異口同聲的評價。

醫院能在地緣偏遠之處，凝聚起堅強的向心力，靠的不是薪資誘因，而是他親身帶動。醫師願意在人力困難時期，到急診幫忙值班，願意在周日清晨五點多，到環保站做回收，在休假時出去訪視、往診、鋪連鎖磚，願意在疲憊忙碌動搖意念時，堅定留下來努力，都是因為看到他以身作則的背影。

「自己做不出來的事情，絕不要求別人去做。」林俊龍所說皆是自己所做，對於想要推動的事情，他親身做給同仁看，同仁自然信服。

簡單的兩句話，貫穿了他的處世原則：做就對了、實事求是。

林俊龍認為，做不到的事，就不要講得天花亂墜，等做到了再講，都還來得及。尤其，醫療是應用科學，醫師應重視「做」的過程，包括問診、看診、治療及手術等，不能光說不練。

而「實事求是」的精髓，在於做事要認真、要嚴謹，並注重專業與敬業的精神，不可馬虎了事，也呼應「做就對了」的內涵。

充分授權放手揮灑

另一個同仁對他一致性的評價，是充分授權和絕對信任。

他不只自我要求言而有「信」，也「信」同仁能有一番作為，而放手讓同仁去揮灑。

他認為，每一個人都需要被尊重，領導者的困難之一，在於團隊中每個人都會有不同的見解，各有所長與不足，要欣然接受，並樂見同仁優於自己。

「主管能力固然好，但個人是有極限的，青出於藍而勝於藍，你要預期他做得比你更好，只要方向正確，就讓他去發揮；若是加以抑制，他就凸顯不出來。」

二〇〇一年，林俊龍委請大林慈院關節中心主任呂紹睿籌設教學部，當時院內還沒有半個住院醫師，教學部卻突破了實體教學的限制，開發出極具前瞻與特色的數位學習系統、衛教平臺，不但架構完整，內容也十分多元。

呂紹睿持續舉辦研討會，推廣數位學習，帶領臺灣醫界前進，如今成果揚名全臺與國際，吸引醫策會在內等相關機構，主動來尋求合作。大林慈院的臨床教學能力中心的設備新穎完善，老師用心，亦是不少醫學院學子嚮往的學習場域。

林俊龍感恩道，當初他只是一句話交付任務，並在需要時加以支持而已，呂紹睿就帶領團隊開創出一條大路，並且引領他人同行。

二〇〇八年，大林慈院蟬聯三屆「企業環保獎」，是第一家連續獲獎的醫療機構，環保署長親頒「特別榮譽獎」時對林俊龍苦笑說，你們醫院明年不用再來參賽了，因為分數算來算去，你們都是第一名。

於此前後，大林慈院不斷囊括各種減廢、節能減碳、環境教育、綠色醫院獎項，間接引領國際健康促進醫院組織開始重視醫院的環境友善作為。

負責整合相關事務的總務室主任侯俊言曾說，林俊龍建立願景後，就放手給同仁，從不限制該如何做，取而代之是鼓勵、肯定和支持，各單位同仁因此能盡情發揮創意，做得愈來愈好。

林俊龍引用論語：「大德不踰閑，小德出入可也。」領導者要掌握方向，而不需在意小節，若是拘泥小事而壞了大事，實在划不來。

「即使同仁做的不是預期中的一百分，但有八十分就夠了。在上位者要支持，否則他們做不了事情。若是方向不正確，當然要去翻轉；方向正確，只是觀點、做法有種種不同，那無所謂。」

他寬闊的胸襟，成為同仁邁向卓越的大平臺。

最幸福的事

二〇二一年四月二日，臺鐵太魯閣號列車出軌了。

林俊龍聽到消息時，正在精舍參與一場重要會議。趕回花蓮慈院與醫護團隊會合時，得知救援小組已趕往事故現場，他也趕緊動身前往。由於尚無傷亡傳出，他心想著，要將該班車上遲遲未接電話、狀況不明的志業體主管、志工接出來，並看看現場是否需要幫忙。

然而一路上，隨著廣播陸續傳來死傷訊息，他感到愈來愈擔心，事故規模恐怕比想像的嚴重許多。直到親眼目睹事故現場才知道，火車撞上從邊坡翻落的工程車後，繼續撞擊隧道內壁，多節車廂嚴重扭曲，許多乘客明顯死亡，某些大體甚至肢體分離，救援難度極高。這是臺鐵近六十年來最嚴重的一起交通事故，四十九人往生，兩百多人受傷。

景況超乎多數人想像的慘烈，對花蓮的災難醫療能力帶來考驗，林俊龍的出現，無疑為現場醫護人員帶來穩定軍心的力量，一名年輕護理師感動地說：「執行長，看到你來，我們就安心了。」

他依據以往救災協調的經驗，建立分工合作模式，並立即在現場協助檢傷分類。當消防和醫療人員忙著在現場救援，檢傷分類是重要的一環，讓迫切需要醫療的中、重傷者儘速後送，往生者就地暫時安置，確保緊急醫療量能得到及時的發揮。

午後，林俊龍協調一組同仁在清水隧道出口協助，自己則趕往新城火車站，等待救難人員從另一端將傷患救出。聽說可能還有生還者，他盼著能有機會搶救一線生機，可惜，拉出來的傷者都因傷勢過重，大量出血和休克，全部沒了氣息，也都是不完整的。沒能再做得更多，他感到遺憾。

然而轉念一想，對於花蓮市各醫院的緊急動員，由衷感恩與感動。慈濟之外，門諾、八〇五醫院、部立花蓮醫院，都派員到現場支援，同心協力搶救生命，幫助這場救災行動盡快完成。

清晨出門去精舍，十點多到達事故現場，直到確認現場已無生還者後才離開，回到家中已是晚上六、七點。

「不會覺得餓嗎？」洪琇美問他，他搖搖頭。

洪琇美理解他心情沈重，即便擔心他的身體，卻也是多說無益，轉身進廚房煮了碗簡單的冬粉，聊慰他一天的勞頓，隨後他便去休息了。

當過醫療照護者都知道，搬動病患需要體力和勁道。這時，他已年近八十歲，因有舊疾在身，時常穿戴著護腰，有大林同仁透過新聞畫面，看到他在現場幫忙抬傷患，忍不住因擔心而叨念：「你年紀大，腰跟腳又不好，到現場指揮就好，不應該自己搬病人，萬一出狀況怎麼辦？」

他明白同仁的掛心，只是看到病人在承受痛苦，就忍不住伸手，其他的事，之後再說。

二〇〇八年莫拉克颱風釀災，剛接受腰椎手術的他，穿戴著背架就跑去屏東勘災、義診、發送醫藥包，旁人忍不住擔心他的身體狀況，但熟知他性情的洪琇美只是默默跟在身後幫忙回應：「你現在問他，他一定說好的。」「要來，又擔心他的腰；不來，他整顆心又懸在那兒。不過既來之，則安之，今天就這樣走吧，其他的回去再說了！」

這就是他的本質，洪琇美選擇支持。

主動請纓全力承擔

二〇〇一年納莉颱風過後，大林慈院附近的低窪村落，因潰堤而遭洪水侵襲，林俊龍和同仁前往設置醫療站時，聽聞有居民雙腳皆被尖銳物刺傷，無法涉水出門。

他腳穿長筒雨鞋，將白袍的下擺往腰間一綁，跟著慈濟志工往泥濘深處走去。出來時，他和幾個志工抬著一片門板，上頭躺著那位傷患。

災難醫療不同於一般義診，總有各種變數需要克服，唯有去到現場才能決定做法。消防車、救護車因汙泥深厚而無法進入，現場也沒有擔架，他們在找到傷者後，背著他下樓，就地取材，臨機應變。

二〇二一年五月，臺灣新冠病毒疫情急遽升溫，熱區醫療資源拉警報，面對疫情首當其衝的臺北慈院，毅然承擔許多求助無門的高風險患者，及加強版防疫旅館的守護。

當時病毒的重症率高，臺北慈院遇上全臺第一例瀕臨分娩的確診孕婦，醫療團隊為她插管治療後，進行剖腹產手術，母子均安。而後，又陸續收治了五位確診孕婦，都全數平安出院。

當傳出群聚確診時，七家慈濟醫院都成為各地衛生局的堅強後盾，四處支援ＰＣＲ篩檢，不辭辛苦地前進社區設置疫苗施打站，為民眾接種疫苗。而同時，慈濟基金會積極向海外採購防疫物資和醫療設備，分送給防疫前線人員及各個醫療院所。

一家醫院的本質，在急難之下尤其顯現。

林俊龍認為，這就是所謂的慈濟人文醫療精神：「幸福、美滿、快樂留給病人，困難、壓力跟責任留給自己。」

人人心中有史懷哲

每個有志為人間貢獻所學的醫學生，心中都有一個史懷哲。他放棄歐洲優渥且舒適的生活環境，前往極度貧窮落後的非洲國家，從事人道醫療服務工作，並建設醫院，一生奉獻、尊重生命的世界觀，影響著後世的人們。

然而，並非每一個人都有因緣克服語言、交通等問題，為其他國家的人奉獻，林俊龍勉勵年輕醫師，對每一位眼前的病人傳遞那分愛與關懷，就地即是付出的因緣。

三十年前，在美國行醫的林俊龍因回臺省親而結識慈濟，受到證嚴法師的感動，決心承擔慈濟志業，將所學應用於人間，以佛教徒和醫者的深心「信」一念、弘誓大「願」，在人間諄諄力「行」而無悔。

回美國後，他著手籌辦慈濟義診中心，帶動許多國家、地區起而傚尤。期間，他發現許多醫師同樣有著濟世救人的愛心和志願，願意為弱勢人們多做一些事情。

一個人的力量有限，要將點滴愛心匯聚起來，才能長久延續。

回臺灣服務後，他前往菲律賓參加當地的慈濟義診，每到一處偏遠村落，醫師和志工們一起刷洗、布置環境，將簡陋的教室變成五臟俱全的開刀房，求診患者之多，令他歎為觀止。

一九九六年中秋節，馬尼拉崇仁醫院呂秀泉副院長，帶著醫護人員回臺灣花蓮見證嚴法師，從此約定往後每年都回花蓮共度佳節，後來印尼、馬來西亞也加入了行列，成為日後國際慈濟人醫會年會的由來。

同時期，臺灣各地也有一群愛心醫護人員組成「慈濟醫事人員聯誼會」，自費自假定期深入窮鄉僻壤、離島地區，和都會暗角的弱勢家庭，提供義診和往診服務。

夏威夷也有一群醫師自發性籌畫義診中心、召集海外醫事人員投入義診。全球性的志願醫療團體，如心蓮萬蕊不斷綻放，後來經證嚴法師定名為「慈濟人醫會」，由時任花蓮慈院副院長的林俊龍擔任全球總召集人，延續至今二十多年。

穿上慈濟制服時，他們是身心平等，醫病、醫人、醫心的「人醫」。平安時，他們就地關懷弱勢，走到需要的人家中；有難時，他們結合慈善的力量，給予及時的醫療救援。這分清淨的醫療之愛，廣被於世界上各個角落。

二〇二一年，回臺奉獻二十六年的林俊龍，獲頒第三十一屆醫療奉獻獎。關於得獎心情，林俊龍的回應只有兩個字：「本分。」

過去就有數度被提名的機會，但林俊龍總是拒絕，認為自己只是做該做的事情，並無特別之處。然而，慈濟為臺灣、全球人類的付出，值得被更多人了解與肯定，因而這次接受醫師公會提名，為的也是慈濟。希望藉由自己的得獎，讓更多人了解慈濟用心耕耘的日常，並且一起加入行動。

找到路就不怕遙遠

二〇〇四年十二月二十六日，印尼亞齊外海發生芮氏規模九強震，引發的巨大海嘯波及印度洋周邊多國，罹難人數超過二十萬人。其中，斯里蘭卡死傷人數僅次於印尼，確認罹難者就超過四萬人。

二〇〇五年元旦連假，林俊龍帶著大林慈院同仁走上街頭募心募款，嘉義居民的愛心響應十分熱烈。

災難的破壞固然讓人痛心，但能匯集眾人的愛心力量來相互幫助，也是難得因緣；一來幫助受災人，二來體會志工的發心，三來累積修行的慧命道糧，一舉數得。

長年內戰破壞了斯里蘭卡的環境和經濟，海嘯過後陷入極大困境，慈濟跨國醫療團隊接力前往義診，林俊龍也親身踏上當地。

在漢班托塔醫療站，處理外傷相對而言是單純的，林俊龍注意到更多失眠、心悸、陷入憂鬱而眼神呆滯的患者。倖存者在一夕間與親人、鄰居、好友天人永別，陷入創傷後壓力症候群，更需要「醫心」。

開藥時不忘勉勵病人，這個藥會幫助你趕快好起來，同時給出一個溫暖的微笑。

為一位十四歲女孩聽診時，他診斷出她患有先天性心臟病，但醫療站設備不足，必須轉往大醫院接受進一步檢查和治療，女孩的母親卻表示，無力負擔醫療費用。

林俊龍與慈濟志工一同前往女孩家中關懷，發現這個家庭十分貧困，房子破爛不堪，無法遮風蔽雨，約兩坪空間擠了七口人，只能打地鋪而眠。

當下，他提議大家一起動手幫忙清掃，為這一家人搭建帳棚，幾個小時後，他們就擁有了一個新家；志工還送上二十六件入厝禮，讓他們得以改善眼前的生活。

在他回臺灣後，下一梯義診志工接力陪伴女孩前往首都可倫坡的大醫院檢查，發現她的心臟的確有個破洞，必須盡快手術。透過慈濟人的協助，女孩順利接受手術，她感恩地說，「若不是慈濟，我沒有重獲新生的機會。」

災難醫療雖是一時的，但一個個改變生命的故事，卻繼續在發生。從海嘯過後到現在，新加坡人醫會持續前往斯里蘭卡舉辦大型義診，帶動出不少當地人加入志工。

斯里蘭卡是佛教國家，處處立有大型佛龕。那次義診，有一個景象令林俊龍印象深刻，沿海城鎮建築物幾乎被海嘯摧毀殆盡，唯獨佛龕屹立不搖，在斷垣殘壁中顯得鶴立雞群，居民絡繹不絕前來膜拜、供花。

「佛法無邊啊！」人們如此讚歎，林俊龍也感到震撼。回臺灣後，他秀出照片向證嚴法師分享見聞。

法師卻說：「這不是我認識的佛教。」

「佛法教導我們要庇護左右鄰居，怎麼能只顧自己？」法師輕輕一句話，讓他又震撼了。

法師以大乘佛法教導弟子，心包太虛，量周沙界，關懷普天下所有人，以眾生幸福為幸福，以眾生快樂為快樂，他頓有所悟。

法師觀機逗教的點點滴滴，無不指引著弟子一生努力的方向，「有這麼一位名師指導，是最幸福的一件事！」

證嚴法師有一句靜思語：「只要緣深，不怕緣來得遲；只要找到路，就不怕路遙遠。」他引以為座右銘，當遇到困難時，也以此為礪。

找到路，對準方向，那怕再遠、再難，只要踏出第一步，堅定意志走下去，終究會達到圓滿。他得一法而拳拳服膺。

以創新理念重拾古老醫療價值

撰文——呂紹睿（大林慈濟醫院關節中心暨教學部主任）

一九九八年，我在嘉義基督教醫院成立「關節重建中心」，時任大林慈濟醫院籌設院長的林俊龍執行長是貴賓之一；自此，與執行長結下了四分之一世紀的不解之緣。

他的風範以及識人之明，讓我在二〇〇〇年割捨了努力經營十年的穩定工作環境，決心投入大林慈院的草創行列。

備受阻撓的崎嶇轉任過程，關鍵時刻，他領我到僅完成鋼骨水泥結構的院長室位置，站在空曠粗糙的地板上，簡短溝通後，他只說了四個字，就讓我義無返顧地踏上在大林慈院建構「優質教學環境」以及「關節中心」的奇特旅程！

口袋裝一把剪刀和一罐膠水（病歷尚未全面電子化前，列印剪貼病歷是常規），單獨查房看病人、自己推換藥車換藥，是我們這批放棄原本舒適工作環境的拓荒者的日常。

上午的門診看到半夜，更不足奇。大林慈院啟業之初，主治醫師單打獨鬥，連住院醫師、專科護理師都沒有，遑論實習醫學生！完全沒有教學對象，加上醫師們疲於應付臨床工作，執行長交給我的「建構優質教學環境」任務，猶如海市蜃樓。

窮則變、變則通，我決定從不需要有學生的「建構數位學習環境」及「師資培育」開始扎根。

在慈濟人文無邊際的大環境所形塑的隱藏學程中，執行長日日以身教言教示範著古老的醫病關係及專業素養，不著痕跡地引導、支持我，讓我得以堅定地帶領逐漸茁壯的教學部，一步一腳印，奠定了今日大林慈院完備的優質教學環境——

設備先進、師資及教材齊全的「臨床技能訓練中心」，已是正式的國家考場，並開放給鄰近醫院使用。

奠基於二十年來建構完備的數位學習環境而研發的「數位學習歷程系統」，更榮獲監控全國醫療品質的醫策會青睞，於二〇二二年初簽約，共同建構全國「醫事專業人員能力進展資訊平臺」。

一九九〇年代，歐美追求高醫療品質的「Center of Excellence（卓越中心）」，在臺灣似乎尚未被醫界重視。

一九九八年與執行長首次會面，留美的他，對我在骨科設立「創傷」、「脊椎」、「關節」三個中心的建議非常贊同，豈料，這竟成為我曲折轉任過程的主因，最後只成立了「關節中心」。

啟業前，上人以「希望將來不再聽到骨科醫師對病人說：等到拿枴杖再回來找我換關節」，勉勵我繼續探索「退化性膝關節炎」的病因，在建構創新療法的過程，阻礙重重，上人又以「靜寂清澄，至玄虛漠，守之不動，億百千劫」，鼓勵我堅定前行。

回首這段甘苦雜陳的歷程，隨時在第一線陪著我的，就是永遠樂觀的執行長！困惑時，他提出具體建議；遇到障礙時，他設法幫忙排除；有需求時，他全力支持。

「關節中心」的命名，是啟業前的某個夜晚，在大林鎮上一位志工住處喝茶聊願景時，執行長建議的；「退化性膝關節炎專題研究室」，是執行長全力支持成立的；「關節鏡軟骨再生促進手術」被健保局無情核刪時，是執行長親自陪我到健保局據理力爭的；「膝關節健康促進方案」，是源自執行長推動健康促進醫院的構思；「國際膝關節健康促進中心」，是配合執行長推動國際醫療而誕生的……林林總總，不勝枚舉。

在骨科領域推廣「膝關節健康促進方案」、改變主流觀念的過程漫長而坎坷。期間，雖偶有國內外醫師前來參加訓練課程，但年輕醫師裹足不前，願意接受新觀念、學習新技術的骨科醫師寥寥可數，遠遠趕不上眾多病患的需求。

林院長在榮升執行長後，仍不忘幫助我推廣護膝理念，成立了跨院的「膝關節健康促進委員會」，並親自主持定期會議，集思廣益，討論相關事宜。

二〇二一年大暑，突現曙光——轉訓本中心屆滿一年的骨科研究醫師洪榮斌順利通過專科醫師考試，獲得晉升主治醫師資格！好事成雙，同時通過考試的骨科總醫師周立展，也毅然決定加入本中心行列。於是，大林慈院關節中心的服務量能終於有望擴展。

二〇二二年秋分，首屆強調保存自然膝關節的「Preservation Arthroplasty（關節保存整形術）」訓練課程即將舉行，已得到來自全臺骨科醫師熱烈期盼。不經一番寒徹骨，怎得梅花撲鼻香！苦等二十年，深藏於心的願望終於實現。

「無論資質高低，每個人都有適合他的角色，擺對位置，是主管的責任。」「行政人員要常常提醒自己：行政是醫療的後盾，不能成為羈絆。」執行長的這兩句話，仍時時提醒著身兼「教學部」及「關節中心」主管的我。

以創新的理念重拾古老的醫療價值，是我有幸陪同執行長一同走過、更會繼續走下去的路。

後記

鑴心感恩

◎林俊龍

感恩上人創造慈濟世界，精舍師父、全球慈濟人無怨護持，建設優質醫療環境，讓我們發揮專業照顧病人。

感恩在地政府、父老鄉親的傾力奔走，展開雙手迎接我們來到嘉義大林田中央，與鄉親廣結善緣。

感恩全體同仁安住鄉間小鎮，有志一同，無悔付出，胼手胝足打造幸福醫院，提供高品質而溫馨、親切的服務。

大林慈濟醫院是慈濟在艱難的時空條件下，走進西部的第一家醫院。從遼闊甘蔗園到宏偉醫療園，「一包水泥一分愛，一噸鋼筋一世情」，由無數地方人士和全球愛心人的祝福砌建而成。

醫療團隊來自四面八方，與雲嘉的草根人情會聚一處，迸發燦爛的火花，攜手同心成為守護生命的磐石。

因為有您，醫療變得如此與眾不同。

這是一段值得所有人懷念與感恩的歷程，願齊心繼續實現人文醫療之美，譜出更多動人心弦的生命樂章。

國家圖書館出版品預行編目(CIP)資料

我們一起打造的幸福醫院：林俊龍實踐慈濟人文醫療之路 / 何姿儀作. -- 初版.
臺北市：經典雜誌, 慈濟傳播人文志業基金會 2022.09

416 面；15X21 公分
ISBN 978-626-7205-00-6(平裝)

1.CST: 林俊龍 2.CST: 醫師 3.CST: 傳記

783.3886 111013713

我們一起打造的幸福醫院

林俊龍實踐慈濟人文醫療之路

作　　者／何姿儀
主　　編／陳玫君
美術指導／邱宇陞
美術設計／胡雅甯

創 辦 人／釋證嚴
發 行 人／王端正
合心精進長／姚仁祿
傳 播 長／王志宏
平面內容創作中心總監／王慧萍
平面內容創作中心副總監／黃世澤
平面內容創作中心圖書出版部首席／蔡文村

出 版 者／經典雜誌
財團法人慈濟傳播人文志業基金會
112019 臺北市北投區立德路 2 號
客服專線／02-28989991
劃撥帳號／19924552　戶名／經典雜誌
印　　製／新豪華製版印刷股份有限公司
經 銷 商／聯合發行股份有限公司
231028 新北市新店區寶橋路 235 巷 6 弄 6 號 2 樓
02-29178022
出版日期／2022 年 9 月初版
定　　價／新臺幣 420 元